U0044163

從50個**關鍵議題**了解**國際局勢**

地緣政治
入門

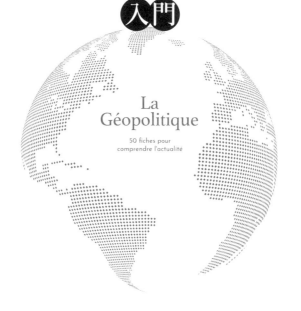

La
Géopolitique

50 fiches pour
comprendre l'actualité

Pascal Boniface
帕斯卡‧博尼法斯——著

粘耿嘉——譯

前言

　　「地緣政治」至今已成為我們的日常生活。它充斥在書店、圖書館的書架、電視螢幕、報紙版面以及傳媒上。一切都變得很「地緣政治」。

　　我們除了針對屬於地緣政治傳統內容的各強權競爭加以論述外，討論範圍亦包含原物料、資訊及通訊新科技（ICT）、外太空、極地、全球化之體育競賽、電視連續劇、漫畫、觀光、情感，還有工會抗爭、宗教、暴亂、饑荒、葡萄酒、郊區或是政黨的內部重組等。「地緣政治」一詞，在以往因為與納粹主義的意識形態相似而遭到禁用，如今卻是隨處可見。

　　然而使用「地緣政治」一詞不會讓人感到過度浮濫嗎？這名詞不會為這門學科帶來庸俗化的風險嗎？若只是為了把「國際關係」換上新名字，以利在媒體上更受青睞，且在知識層面上更顯高貴，這樣不會太勢利嗎？

地緣政治前的地緣政治

　　許多人曾撰寫過地緣政治主題的書籍，甚至在地緣政治這個概念發展之前，便已經開始從事該主題的寫作，地緣政治的概念是指，地理環境能夠決定人的本質及該遵循的政策。而過往的研究方向，則是環境的地形地貌，影響了人民及國家的政策。

　　在「地緣政治」一詞出現的兩千三百年前，亞里斯多德提出與此學科有關的理論。他認為自然環境影響人民的性格及理想國家的軍事與經濟需求。對他而言，氣候與國家的性格息息相關，一塊土地的異質性會造成人民的異質性，並阻礙國家的統一與和平。此外地理環境有利人類活動與維生方式。他認為一個能夠自給自足的國家，不僅能夠保護自己不受軍事攻擊，也能避免不良的外在影響。而境外的革命思想會使一個政體呈現不穩狀態。讓‧布丹（Jean Bodin）也在其著作《國家六論》（*La République*）中闡述氣候理論。想像一下，建築師嘗試因應建材及建造的地點來調整其施作，同理，政治領導者也應該適應受到環境形塑

的人類性格。大型國家之所以敗亡，乃是無法因勢調整所造成。

孟德斯鳩（Montesquieu）認為熱帶氣候有助於形成專制政治與奴隸制度，而寒帶氣候則有利於形成民主與自由。他也認為因農業而富饒的開放式地景會受到侵略者的威脅，而在此建立的君主政體則能保護並維持其富饒。比較窮苦的山區，不會引起侵略者的欲求，而唯一獲致的富饒則是民主。

自十九世紀末，特別是在德國亞歷山大・馮・洪保德（Alexander von Humboldt）與卡爾・李特爾（Carl Ritter）的時期，地理成為社會如何置入空間中的思考，不再是對世界的簡單描述。

介紹完幾項定義地緣政治的不同論述及其代表性作者，我們接著以四章來研究當代地緣政治的主要議題，包含地緣政治的挑戰、主要的衝突與危機、結構性的趨勢，以及若干議題。

Chapter 1

何謂地緣政治

1 傳統定義

對約翰・魯道夫・契倫（Johan Rudolf Kjellén）而言，地緣政治即「作為地理有機體的國家，在空間中自我展現的學科」

對弗里德里希・拉采爾（Friedrich Ratzel）而言，「地理的特性與條件，特別加上廣大的空間，三者扮演了國家生命的關鍵性角色，而個體與人類社會依賴他們生活的土地，這塊土地具有地理法則所決定的命運，這門學科即據此創立。」

按照卡爾・豪斯霍弗爾（Karl Haushofer）的觀點，「地緣政治是有關國家的新學科，是一個涵蓋所有政治歷程的空間決定論學說，而此政治歷程乃是根植於地理，及特別是政治地理的廣大基礎所造就而成。」

對賈克・昂賽勒（Jacques Ancel）而言，「地緣政治首先即是觀察並分析人與土地之間的關係，而在這塊土地上，人們生活其中並基於地理的固定元素，發

展軍事、政治及商業。」

　　伊夫・拉考斯特（Yves Lacoste）對此概念加以論述：「針對土地上不同型態的權力競爭所做的研究，……透過內部的土地潛力以及自這土地投射到外部，並投射到愈來愈遠的能力，從而估量權力的大小。」

　　他進一步闡明：「今日我們在許多地方用『地緣政治』一詞，事實上它意指所有關乎權力或影響力的競爭，此競爭加諸在土地及生活在其中的人民。不僅是國家各類政權之間的競爭，也或多或少是在檯面下各政治活動或武裝團體之間的競爭，此即是對廣大或狹小土地控制或主宰的各項事實。」對他而言，地緣政治乃是政治學與地理的結合。

　　對皮埃爾・瑪麗・加盧瓦（Pierre Marie Gallois）而言，是「針對存在於國際背景下的權力政治行為，與權力政治所發揮的地理環境，這兩者關係的研究。」

　　米歇勒・傅歇（Michel Foucher）看到了「一種地理分析的全面性方法，這個方法是針對具體且因在地化而被加以面對的社會政治情境，以及在這些情境中所刻畫的慣常現象。這種方法既處理某個社會政治情境

與過程中若干地理資訊的決定性意義，也針對配合該情境與過程所產生的各項製圖論述及圖像加以解讀。」

對羅伯特・卡普蘭（Robert Kaplan）而言，「這是研究每個國家所面對的環境，決定各國為因應而制定的合身戰略，以及地理在人類抗爭上的影響。」

伊夫・拉考斯特如此表示：「是針對土地上的權力競爭所進行的分析。」

地緣政治與政治地理有差別嗎？對藍迪斯・克里斯多福（Ladis K. D. Kristof）而言，政治地理聚焦在各個地理現象並給予其政治的詮釋。地緣政治則聚焦在各個政治現象，分別給予一個地理的詮釋，並對這些現象的各個地理層面加以研究。我們在使用「地緣政治」與「地緣戰略」這兩個詞彙時，通常未能加以區分。

對雷蒙・艾宏（Raymond Aron）而言，戰略是整體軍事行動的作為，而外交是與其他國家外交單位的交流作為。戰略與外交兩者都將服膺政治，即服膺一個集體或是集體之中負責增進國家利益者的概念。接著再回頭看克勞塞維茲（Clausewitz）的定義，戰爭是透過其他方式的政治延續，且認為軍人與外交官是國

際關係的兩個象徵要角，艾宏的結論是，戰略的選擇同時端賴戰爭的目標與可取得的方式。若牽涉到國家間的戰爭或獨立戰爭，則這些目標與方式都將會有所不同。

　　戰術與戰略的差別在於結局與方法。戰略使用在戰鬥上，它決定發生的地點與時機，據此影響結局。而地緣戰略則是指透過地理資料來決定戰略。

2 地理決定論？

　　傑哈・夏里昂（Gérard Chaliand）認為擴張線（lignesd' expansion，視同對安全的威脅）是預先畫在世界地圖上的。根據他的看法，依生活模式與環境（固著／移動、陸地／海洋），將外交－戰略關係的地理繪圖、資源的地緣經濟分析、外交意向的詮釋加以結合，即是地緣政治。

　　常見的地圖會有變形的效果。我們對於將歐洲置於世界中心的麥卡托投影法（projection Mercator）習以為常。該地圖雖然寫實，但只是從歐洲觀點出發。而傑哈・夏里昂於 1984 年出版一本戰略地圖集，震撼了法國輿論。這本地圖集發表了分別以蘇聯、中國及美國為世界中心的地圖，如此單純的事實，改變了法國讀者幾乎一輩子早已習慣的觀念。

　　並不是要按照決定論的觀點，去認定該付諸執行的政治純然受到地理支配而沒有其他選項。地理環境

會提供機會及風險。不過這並不會迫使政治領導者彷彿沒有其他的選項似地完全依地理要素來行動。一張地圖並不足以自動啟發我們的行動。

　　拿破崙曾說，當我們認識一個國家的地理，我們就會知道該國的外交政策。這句話其實很有問題。德國與法國從世仇到雙雙成為歐洲的發動機，一直都保有共同的邊界。葛洛瓦（Gallois）將軍責怪哈爾福德・約翰・麥金德（Halford John Mackinder）在面對人類的現實問題時將地理納入其思想的考量。他在《地緣

置於地圖中央的歐洲

置於地圖中央的美洲

置於地圖中央的俄羅斯與中國

政治》（*Géopolitique*）發表〈權力的途徑〉（Les voies de lapuissance），文中寫道：「即使地緣政治的推論對思想具有吸引力，但它在實踐時經常是令人失望的。強調世界的地緣政治特性既有趣且實用，但是這些特性並無法概括人文因素及其演進、群眾移動，以及指引這些群眾的意志。」

雷蒙・艾宏的看法也是殊途同歸，在《國家之間的和平與戰爭》（*Paix et guerre entre les nations*）提及：「將世界歷史、預測或意識形態挪出的地理分析是不合理的。」

3 一門學科的誕生

「地緣政治」一詞於 1905 年由瑞典人魯道夫・契倫（Johan Rudolf Kjellén）首創，他前後擔任過哥特堡（Göteborg）大學與烏普薩拉（Uppsala）大學的歷史與政治學教授。當時他深恐俄羅斯擴張至波羅的海海域，表示「除了自然地理，如土地外，一個國家的生命有其他四種型態：可供其經濟活動的場域、形塑其國家與種族特性的人民、集合其階級與職業的社會共同體、表現其憲法與行政樣貌的政府。就像出自同一個大自然力量的五大元素，同一隻手的五根指頭，承平時期各司其職，戰爭時期並肩作戰」。

他發想政治學的五門子學科：地緣政治（將國家當作社會裡的有機體或現象加以研究）、經濟政治（經濟）、民主政治（人民與政治團體的關係）、社會政治（國家與社會的關係）及軍團政治（即國家的權力）

對契倫而言，國家是一個活的物體，他幾乎是採

用生物觀點來看待它：「每個國家像分離的個體，由其獨特的性格、其獨特的興致、其行動方式、其情感所組成。」人類形成人民。但是國家並非只由活的個體所組成。在人民之中存在所有個體：活的、死的及尚未出世的，「如同一棵樹木和它一生中的所有葉子」。國家並非單純只是其各個部分的總和。契倫將國家視為活的生物體。因此國家帶有輕症或重病，還包括重要的部位。地緣政治便可透過指定敏感的部位來支持戰略。

現代戰爭的目的是瓦解對手的意志，而要達成此目的的最激烈方式便是取得其所有土地。海洋構成最天然的邊界。島嶼性質對一個國家而言是最理想的狀態。不過能決定邊界的不單只有大自然。此外還包括勢力均衡與權力關係。契倫將空間（espace）、區域（domaine）、位置（position）加以區分：「強盛的國家在有限的空間裡，在定言令式的情況下，透過殖民、融合或不同方式的征服來擴張它們的空間。」但是基於內部風險的理由，不應該過於擴張。地點則由鄰國（德國有八個，英國則無）及交通線來取決。

卡爾·李特爾（Carl Ritter, 1779-1859）詳述「一個有關國家成長的循環理論，堪比自然或有機元素的成長，中間歷經誕生、成熟及死亡等階段」，此理論有點受到達爾文的啟發。

弗里德里希·拉采爾（Friedrich Ratzel, 1844-1904）經常被認為是現代地理與政治地理的創建者。他是經過專業訓練的藥劑師，信仰達爾文的進化論。他自 1886 年便在萊比錫（Leipzig）大學擔任地理學教授職位直至身故。他成為德國政治地理學的大師。國家乃是其思想的核心。

他認為西方世界面對其他的文明時能夠占得上風得歸功於國家的角色。因此有必要了解國家形成的機制，其與空間的關係及其活動力。他將國家類比為有機體，把人民的蓬勃發展與其需要的重要空間（Lebensraum）建立直接的關係。正是他率先詳述重要空間的概念，此概念後來被希特勒加以援用。德國由於具有商業與經濟的分量，以及文化與意識形態的勢力，有意主導正值東擴的歐洲，以取得當地的農業資源。地緣政治最遠可涉及自然科學的一個分支。其理

論後來被納粹加以詮釋並利用，以支持其擴張的意志。

在政治地理上，他定義出一個由人民權力與土地權力構成的三角架構。國家對他而言，如同一個唯有在土地上方能成長的人類結構，好比一個活的有機體。長大時，會在空間中擴張，死亡時，便在地圖上消失。國家是一個透過歸屬感所集結而成的人類整體，而這個整體不見得是基於種族來建立。人民由個體與團體所組成，而這些個體與團體則是透過共同的土地集結而成。

拉采爾坦言，地緣政治（或比較偏向以地緣政治為基礎的政治）納入地理決定論的想法是危險的，「國家單一性的唯一元素是土地，此後，將政治組織立基在土地與國家的強烈企圖便應運而生。」

地緣政治應當提醒政治家地理因素的重要性，但這點經常被忽略。他認為歷史可以透過地理加以解釋。

不過拉采爾卻抱持國家的有機論概念。邊界被類比為皮膚。擴張可由自然生成或由最強者掌控來驗證。

強盛的國家立基於強健的人民，並絜根於土地，具有能力擴張。人民有階級制度。某些人民強大（德

國人），有些人民孱弱（塞爾維亞人），有些人民則沒有組織（波蘭人、猶太人）。

阿爾弗雷德‧馬漢（Alfred Mahan）是軍事戰術教授之子，自己也成為美國海軍的水手，後來於 1902 年掌理美國歷史協會（American Historical Association）。對他而言，政治的首要是武力關係的展現。社會單元維持競爭關係，必然引發對抗與衝突。

國家是為了勝利而戰的經濟法人。非洲、拉丁美洲及遠東市場所激發的誘惑，導致歐洲人投入競逐，而競逐得訴諸武力。國際關係可以用戰略與戰術的詞彙加以研究。每個國家都會根據本身的選擇取得輸或贏的局面。對國家而言，武力沒有替代品，而國際法的概念是虛幻的。此外，國際法是由武力本身來規範。在缺乏所有國際威信的狀況下，基於道德的事實存在，戰爭在道德上是可以站得住腳的。

馬漢宣稱說：「我是帝國主義者，純粹只是因為我不是孤立主義者。」對他而言，上天應教導強大的海權國家，去使用具有正當目的的權力。在馬漢的筆下，老羅斯福（Theodore Roosevelt）的擴張主義政策具有正

當性。他相信西方文明的優越性,「為野蠻沙漠中的文明綠洲。」他認為美國因為地理位置的關係,得以免受戰爭侵擾,然而最佳的威懾原因在於其船艦可以攻擊敵人的商船。他建議以共同理想為名義與英國結盟。對他而言,海權是貿易與經濟競爭的關鍵。美國應當控制巴拿馬運河,一如英國應該控制英吉利海峽,以利大西洋兩岸與歐洲一較長短,縮短至亞洲市場的距離。馬漢的主要著作為《海權對歷史的影響:1660-1783》(*The influence of Sea Power Upon History: 1660-1783*)。

　　他認為西方世界應該保持權勢以對抗歐洲以外的文明。西方國家有維持其至高地位的道德義務。欲保存基督教世界,武力的強度乃是必要條件。

　　雖然英國人哈爾福德・約翰・麥金德不認同「地緣政治」,但他卻是最知名的地緣政治學者之一,甚至是最具代表性的一位。正當馬漢支持海權具備優越性的論點時,麥金德則認為陸權才具有優勢。他是牛津大學的教授,領導倫敦政經學院(London Schoolof Economics),且曾於 1910-1922 年間擔任議員。他的研究工作特別著重於英國在面對美國與德國勢力崛起時,

其於世界階級中的位置。

十九世紀末，許多國旗在各地飄揚，象徵多重的主權。殖民擴張達到極限。財富透過陸地的途徑開發，擺脫海洋貿易在世界經濟中所扮演的重要角色。

1904 年，麥金德在會議中發表《歷史的地理樞紐》（*The Geographical Pivot of History*）。俄羅斯即是在當年完成西伯利亞鐵路，此舉被認為能確保其對亞洲大陸的控制。但 1905 年俄羅斯對日戰爭失敗，卻證明了與上述的認知相反，西伯利亞鐵路只是產生一條路徑，無法帶來必要的增援。若俄羅斯與德國結盟，將可直通海洋並成為工業強權。因此有必要對此陸地樞紐的出現加以反抗。他寫道：「今日俄羅斯將幅員遼闊的大陸占據了一半。相對於海洋強權，它早已是陸地的強權。它所控制的空間如此遼闊，其人口潛力如此無窮，其財富如此龐大，使得一個無法進入海洋貿易的強勢經濟體，無可避免地會朝向海洋發展。」

麥金德預測會有一個英國主導的結盟體系。他建議倫敦方面與莫斯科方面結盟，以對抗德國勢力的擴張（於第二次世界大戰期間成形），而且俄羅斯將會向

波斯帝國與阿富汗發展（此為冷戰初期的圍堵）。他也建議與法國結盟，同樣是為了對抗德國。一如卡爾・馮・克勞塞維茲（Karl von Clausewitz），他認為一個得同時為兩個戰線作戰的強權已敗下陣來。其有關地緣政治最知名的論述，絕對是 1904 年 1 月 5 日的一場會議中，面對皇家地理學會的聽眾所發表的演說。「誰統治心臟地帶，就控制了世界島；誰統治世界島，就控制了世界」這句最常被引用的名言，便是來自這場演說的內容：

「英國、加拿大、美國、南非、澳洲及日本，此後形成以邊緣或半島為基礎，有助於海權的環圈，而貿易無法企及歐亞大陸的陸地強權。然而陸權一向存在，且近來的事件再度增加其重要性。」

「都鐸（Tudor）世紀歷經歐洲在海上的擴張，也同時歷經俄羅斯的權力由莫斯科（Moscovie）轉移至西伯利亞。匆忙朝向東方的結果，導致其對亞洲漫不經心，此事件幾乎也與能繞過好望角一樣，僅充斥著政治意涵。」

「自此經過一個世代，蒸氣與蘇伊士運河似乎增加海權對抗陸權的動力。鐵路的主要功能是補給海路貿易。然而洲際鐵路卻開始動搖陸權的基礎，其他地方對此作用的感觸，不會比歐亞大陸的中央封閉區域來得深刻。」

「在全球規模中，國際關係中的樞紐區域，其範圍不正是與遠古時代供馬背上的游牧民族馳騁，在今日船艦不可及卻準備好配備一個鐵路網的歐亞大陸相同？」

該場演說的一年後，日本這個海上強權，取得對俄羅斯這個陸上強權的勝利。不過第二次世界大戰後，蘇聯權力的擴張，再次彰顯麥金德理論的價值。對麥金德而言，世界可比擬為一個世界海，上面有一座由亞洲、歐洲及非洲組成的世界島（world island）。在它周圍有幾座大島，包括美洲、澳洲、日本及英國。誰控制世界樞紐（heartland），就可號令世界島；誰掌握世界島，就掌握了世界。

十九世紀時，德國與俄羅斯的擴張讓英國不安，

且說明了麥金德的擔憂其來有自。1943 年，他預言俄羅斯若贏得對德戰爭，則它將成為世界上最大的陸地強權。雖然他未曾正面提及美蘇對抗的問題，但他對「遏阻」（containment）策略具有先見之明。

麥金德於戰後建議美國、英國及法國合作，以避免德國（他主張德國裁減軍備）制定侵略性的政策。

卡爾・豪斯霍弗爾（Karl Haushofer）是納粹地緣政治的傀儡。雖然他並未加入國家社會主義黨，且他的妻子是猶太人，但他仍然與魯道夫・赫斯（Rudolf Hess）過從甚密。他對德國遭受第一次世界大戰後的屈辱感到沮喪，認為威瑪共和國的領導者們應該被譴責。德國應當拒絕將德國人民分散至中歐的凡爾賽條約，且應當恢復德國的統一。當拉采爾將貿易、社會、人口及空間視為決定國家的因素時，豪斯霍弗爾僅將空間視為政治行動的因素。空間對他而言，超越了歷史。大日耳曼帝國應當團結所有德語系的民族。歐洲的空間應當由德國，且為了德國本身而組織起來，德國應當控制眾小型國家。德國必須拓展其「重要空間」，以將過剩的人口釋出至該空間，並自該空間獲得原物料。

由於目標是成功建立一個自給自足的體系，為此需要達到與其人口規模相符的土地面積。德國反對英國的自由與世界性的願景。國家治理最不力的國家（荷蘭、俄羅斯西部）應當從地圖中刪除。不過德國必須授予德語系的兄弟之邦（荷蘭、法蘭德斯〔Flandre〕）一個特權地位。西部的大國如法國與英國，雖仍屹立但已經弱化。他建議德國與義大利結盟，並創立附庸的小型種族國家。猶太人與羅姆人（吉普賽人）無法加以組織，必須淘汰。

他思考將一個具有若干自給自足體制的世界加以組織，亦即由一個強國主宰的若干泛區域與一個國際的工作分區。因此歐非大陸由德國加以組織，並將歐亞大陸的發展侷限在歐洲東部，而亞洲則由日本加以組織。這三個區域應當能制衡泛美區域。於是他提議與俄羅斯結盟，以摧毀英國，迫使俄羅斯維持在亞洲的強權地位。歐亞大陸集團或將德國、俄羅斯及日本聯合起來共同對抗英國。德蘇協定遭撕毀後，使得豪斯霍弗爾得重新定義其理論，將德國修正為「世界樞紐」的唯一強權。不過他合理地擔憂，德國並無能力控制如此廣大的領土，

且無法同時兩個戰線作戰。因此豪斯霍弗爾不認可遭撕毀的德蘇協定。他在紐倫堡大審中出庭指證赫斯。他後來被認定是納粹主義的地緣政治學者，於 1945 年被大學解除教職，並於隔年自殺。

尼古拉斯・斯皮克曼（Nicholas Spykman）曾擔任記者，之後成為耶魯大學的教授。他認為直到 1930 年代，美國的安全政策都忽略對其有所損害的地理因素。在他的著作《外交政策地理》（*Geography and Foreign Policy, 1938*）中，他分析國家的大小及在世界與區域位置對國家外交政策的作用。大國權力的主要元素為中央的有效控制與中央對周邊的有效運輸系統。他自稱為政治現實主義的理論家。他創造出邊緣地帶（內新月形地帶〔Rimland〕）的概念。此地帶包含西歐、中東及西南亞、中國及遠東。這新月形地帶周邊是主要的世界貿易區。對斯皮克曼而言，誰控制邊緣地帶，就控制了歐亞大陸，誰主宰歐亞大陸，就控制了世界的命運。他提到最近代三位世界霸權的追求者，即拿破崙、威廉二世（Guillaume II）及納粹德國，都是來自於邊緣地帶。斯皮克曼敘述美國的安全區將會是一個永久的

警戒邊境，這範圍從白令海峽直到夏威夷，再從加拉巴哥群島到復活節島，並從麥哲倫海峽直到福克蘭群島。

他預言中國將會是主宰遠東的強權，而蘇聯會是歐洲的偉大強權。印度與美國將會是其他兩個世界的偉大強權。

在法國，賈克・昂賽勒（Jacques Ancel）是地緣政治研究的始祖。他認為這門學科應分析人群與土地之間的既存關係，而在這塊土地上，人們生活其中並基於地理的固定元素，如山、河、沿海地區、沙漠而發展軍事、政治及商業。依其看法，人類制定的邊界多過自然的邊界。即使地理的固定元素存在，這對唯意志論政策而言並非不可迴避的障礙。因此他全盤否定決定論。他認為「邊界是可變動多於固定，有彈性多於堅固，短暫多於永續」。面對德國的擴張主義，他尋求為法國大革命之思想體系及法國領土的取得加以辯護。昂賽勒負責路易・弗朗謝・德斯佩雷（Louis Franchetd'Esperey）在巴爾幹半島參謀部的政治部門，他思考國族國家與土地的關係。國家是協調的結合體、

生活的型態，由自然條件、物質連結，以及過往經驗所打造，一如其於兩本著作《地緣政治》（*Géopolitique*）與《邊界地理》（*Géographie des frontières*）中所做的描述。

　　不過這些「古典」學家對於國際問題的解決方法都帶點理論性。其理論在知識層面上雖具有吸引力，卻和國際狀態的現實面不太相符。他們功在重新審視各地理範疇，但卻也過度審視了，他們忽略政治、戰略等範疇，這些範疇也是在他們地緣政治選項中具備決定性的元素。

4 妖魔化後獲得平反

　　在法國，有好幾個連帶因素阻礙地緣政治的發展。地緣政治在歷史上與納粹主義有所關連，因而形成一個極大的阻礙。但就算在納粹主義出現之前，也有其他的理由能對此現象加以解釋。十九世紀末的第一批地緣政治學者，當中有一大群和泛日耳曼主義（Pan-Germanism）的論點有關連，這在法國產生被抑制的結果。此外，法國的意識形態自許為普世主義（Universalism），這是讓共和國子民產生價值的歷史產物。在法國，國族先於國家而存在，但德國並非如此。其邊界的擴張由民族自決權賦予正當性，正如普世主義的價值將殖民政策正當化，與所謂的文明使命（civilizing mission）一致。在法國，地理曾歷經歷史的陰影。

　　《最初的地理係用於開啟戰端》（*La géographie, çasert, d'abord, à faire la guerre*）這本具有震撼標題的書，是伊

夫‧拉考斯特（Yves Lacoste）於 1976 年委由馬斯佩侯（Maspero）出版社所出版的著作。該出版社專門出版有關第三世界及革命性的書籍。這本書雖然激起漣漪，不過卻提醒許多人一個被遺忘的現實。

「在地圖（最佳的地理呈現形式）上，所有必要的詳細資訊必須拿來制定戰術與戰略。地圖最初是由軍官所繪製，並且供軍官使用（參謀部地圖）。製作一張地圖，亦即將鮮為人知的具體內容轉換為有效且可靠的抽象呈現，是一項艱鉅、漫長且所費不貲的工作，只能首先由國家來執行。」

伊夫‧拉考斯特將政治的榮耀重新歸於地緣政治，而此地緣政治曾經在法國知識分子圈中被錯誤類比為納粹理論。他是第三世界的專家，並不會被指控為具有國際關係中「右派」的看法（即使他在職涯末期依附針對穆斯林的極右理論）。他在政治上為地緣政治帶來創新，將其重新打造為一門能夠理解世界的學問，而不是一個被某些族群主導的政治計畫。地緣政治的理論事實上在 1930 年代德國的擴張主義論證中占有重要的地位。而其他知識領域（生物與醫學史），某些文

化形式（音樂、電影）也同樣被納粹德國加以利用，卻未受到全然的否決。不過作為研究權力的地緣政治，卻被類比為戰爭與納粹的擴張主義。納粹主義確實利用了地緣政治，但只用了特定觀點，因此不該全盤否定這門學科。

在 1960 年代末與 1970 年代初，軍人將拉丁美洲南錐體（阿根廷、巴西、智利）的利益帶進地緣政治中，且在該地區建立專制的軍事獨裁體制，使得這門學科更無法拋開其敗壞的名聲（皮諾契特〔Pinochet〕曾是地緣政治學的教授）。

伊夫・拉考斯特認為「地緣政治」一詞，除了遭類比於納粹理論外，也同時因美蘇對抗與冷戰而受累。他提到：「關於古巴與越戰，對莫斯科方面與華盛頓方面都不可能直言這是地緣政治，甚至是地緣戰略的問題。……我們也盡量避免提到去殖民化時期在非洲的領土問題（亦即地緣政治問題），因為新國家的邊界會再次遇到過去殖民者所劃定的界限問題。」

直到中國與越南這兩個共產國家，為了邊界劃定問題而爆發的 1978-1979 年戰爭之後，接著 1980 年與

1988 年同樣為了領土問題所導致的兩伊戰爭，邊界和領土爭議再起，且不再受到諸多面向的意識形態所掩蓋。

冷戰末期，有人建議他「地緣經濟」（Geoeconomics）可承繼地緣政治，因為不再有兩集團間軍事對壘的展望，取而代之的是經濟的競爭。

美國地緣政治家愛德華・盧特瓦克（Edward Luttwak）提及一個新世界秩序，是經濟力將取代軍力，作為國家主要施展權力的工具。根據他的看法，「在國際交流媾和下，軍事威脅與結盟已喪失其重要性，之後經濟優先不再被遮掩，且將成為第一要務。」

地緣經濟將是由國家決定經濟秩序的戰略分析，國家可與該國內的企業聯合行動，以保障並發展其國內經濟，控制敏感技術，改善其貿易競爭力，攻占外部市場，並將其被考量具戰略性的經濟活動領域加以定義。

這是否為一種革命性的劇變？我們是否真的從一個世界過渡到另一個世界？把一個將被併入甚至取代地緣政治的新學科加以定義，其時代背景是贏得冷戰

的西方世界，在其寧靜的主宰之下孕育了一個白日夢，裡頭有一個承平且活耀的世界。這是法蘭西斯·福山（Francis Fukuyama）所闡述之歷史終結理論的年代，根據該理論，西方世界從此將其市場經濟與自由民主模式加以推展，未來將不會再有對抗。在黑格爾哲學的意義上，對抗已從歷史中被終結。不過一些後續的事件將此一獲勝的西方理論瓦解。冷戰期間主宰的戰略性對抗，已改為其他形式呈現，但在程度上並沒有減輕。

此外，經濟的競爭一向是地緣政治對抗戰略的一部分。從封鎖到最惠國待遇的制裁，向來都是戰略的主題，在歐洲建立一個共同的市場，極大程度是基於對蘇聯的恐懼，對爭奪控制原物料的恐懼，對旨在強迫涵蓋市場之砲艦政策的恐懼，還有對殖民征服的恐懼。經濟及戰略一向密不可分。經濟競爭本質上即為地緣政治競爭的一部分，但經濟競爭並不會取代地緣政治競爭。

亨利·季辛吉（Henry Kissinger）與茲比格涅夫·布里辛斯基（Zbigniew Brzezi ski）是冷戰期間能見度最

高的兩位美國地緣政治學者。他們都來自歐洲，一位曾服務於共和黨政府，另一位則曾服務於民主黨政府。兩位都從理論構思走到外交行動。

季辛吉起初擔任美國國家安全會議顧問，後成為尼克森（Nixon）總統兩屆任期中的美國國務卿（即外交部長）。美國人避談國家利益，且將東西分裂類比為邪惡對抗善良，他有意打破美國人的道德倫理觀。他熱衷現實政治，相信「均勢」概念。在他以維也納會議為主題的博士論文中，他認為正是歐洲強權的均勢才得以使歐洲大陸在十九世紀維持和平。與美國普遍的認知相反，他認為正是放棄現實政治，而非現實政治，才導致第一次世界大戰。儘管他十分厭惡共產主義，卻認為越戰與美國相對的衰退，侷限了美國與蘇聯的相互了解。

季辛吉無意評斷蘇聯的政治體制，只要蘇聯對外採取溫和行為即可。對他來說，「一個渴望絕對安全的強權，到頭來就是對其他強權的絕對不安全」。因此他提倡安全與相對不安全的平衡行為，需要讓武力均衡且透過對話協商武力均衡的可能性。兩個超級大國可

以穩定他們彼此的關係，控制核武儲備的擴增，一起努力穩定國際戰略的均衡態勢，以避免產生區域衝突（越南、中東）。對他來說，美國與蘇聯是意識型態的競爭對手，即使是「緩和政策」（détente，譯按：又稱「低盪」，國際外交上為降低雙方的緊張關係，而採取比較和緩的方式相對待）也無法加以改變，核子年代讓雙方無法共存，再多的辭令也同樣無法加以改變。為了能制定對蘇聯的緩和政策，他將針對自由與民主的意識形態鬥爭予以放緩。對季辛吉而言，現實政治是確保穩定與世界和平的最佳方案。

美國應該同時將威懾與暫時共存納入其策略中，致力抑制對手並降低緊張關係。不過某些由亨利・季辛吉主導的策略層面，如將越戰輸出至柬埔寨，或支持皮諾契特（Pinochet）在智利的政變，在在將現實政治化為不道德的政策，有違人民的權利。

波蘭裔的布里辛斯基，極度反蘇聯。他是卡特（Jimmy Carter）1977-1981 年總統任期內的國家安全會議顧問，他為民主與個人自由的保護而戰，使之成為美國政策的堅強核心。該政策導致美國終止其對拉丁

美洲軍事政權的支持，不再嘗試藉由武力反對伊朗的革命，且針對這些主題在與蘇聯交往上重新回到一個傳統的政策。蘇聯入侵阿富汗後，布里辛斯基對協助阿富汗反抗軍（包括最激進的伊斯蘭主義者）做出貢獻。他認為主要的危險來自蘇聯，與伊斯蘭主義者的暫時性戰術結盟是可行的。冷戰結束，他必定對蘇聯內部的崩裂感到高興，因為他認為俄羅斯失去了烏克蘭，將不再是具威脅性的帝國。他尤其質疑一般的戰略演進會危害維持美國領導地位的方式。他認為美國是全球化時代的第一帝國，過去諸帝國都只不過是區域性的霸主。美國因此在權力競賽的四個領域中領先，分別為戰略、經濟、技術及廣義的文化。不過依他所見，為了維持此一領導地位，美國應該讓此一領導地位能為人所接受，不可存心透過武力加以強制他國，並且要能開創自願性的結盟。他支持透過利益而非透過信念的多邊主義。

受到東西方分歧的啟發，其他令人印象深刻的學者亦包括：約瑟夫・奈爾（Joseph Nye,soft power），接著是法蘭西斯・福山（Francis Fukuyama）與山繆・

杭亭頓（Samuel Huntington）。後兩位作者對於後冷戰時代分別有不同的解讀，福山樂觀予以看待（《歷史的終結》），杭亭頓則對其抱持悲觀看法（《文明衝突》）。

若這群學者都具備地緣政治家的資格，乃是因為該學科的觀念已經改變了。他們並不延續麥金德（Mackinder）、豪斯霍弗爾（Haushofer）等人的見解。他們的研究在概念的發展上，較為務實且與現實的政治事件有關。

今日的地緣政治為何？國際關係為何？在此全球化狀態下，實體邊界重新帶來問題，加上各門學科的界線重新被審視之際，要回答這些問題並不容易。川普（Donald Trump）當選總統是屬於美國國內政治，抑或是國際事件？習近平權力的維護、改革重組，或是南非種族隔離政策的終結，這些雖然都屬於其國內事件，但是否會對全球戰略帶來衝擊？

「地緣政治」所強調的內容，具有重新將地理因素置入觀點的價值。然而這些地理因素不應當形成某種「決定論」。德國與法國互為鄰國的事實，並不致使

雙方結盟或成為宿敵。這些都依賴雙方的政治選擇，這些選擇會比雙方擁有共同的邊界這樣的事實造成更多的後果。

長久以來，國際關係被簡化為國家間的關係。如今這個詞彙已被公認為太過於簡化。賓拉登（Ben Laden）、谷歌（Google）、國際足球總會（FIFA）、國際特赦組織（Amnesty International）、公民社會等並非國家，然而其行動在國際場域中早具有實際的分量。

今日，為了理解世界，必須利用歷史、地理、社會學、法律、經濟、政治學等工具。「地緣政治」一詞已經進入一般口語之中，愈來愈被加以使用，而取代了「國際關係」。因此我們得承認地緣政治是一個理解世界更加透徹的一個方式。

Chapter 2

10個地緣政治
的挑戰

1 全球治理

　　1990-1991 年波斯灣戰爭末期，樂觀主義瀰漫。冷戰結束，柏林圍牆倒塌，歐洲東西對峙的幽靈消散。聯合國憲章所構思的「集體安全」首度成為現實。事實上，開戰是合法且有正當性的，聯合國安全理事會決議對伊拉克宣戰，將被併吞的科威特予以解放。我們終於可以期望肩負世界和平重任的聯合國憲章完成其使命。而阻礙聯合國憲章發揮功效的冷戰已不再存續了。

　　至此，超級大國紛紛運用其否決權，以保護自己或其盟友。蘇聯首度接受與其他會員國再次結盟，投票反對伊拉克，即使伊拉克為其盟友。老布希（George Bush）頌揚世界的新秩序，根據他的說法，這個世界有「從冷戰僵局中解放出來的聯合國，它將能夠實踐其創建者的歷史性視野——一個自由與人權備受各國尊重的世界」。但是好景不常。囊括所有合作利益的美國，拒絕戈巴契夫於 1991 年 7 月在七大工業國組織

（G7）峰會中所要求的經濟援助。一場失敗的軍事政變結束其政權，並導致蘇聯於 1991 年 12 月瓦解。美國寧可成為冷戰的戰勝者，而非世界新秩序的建立者，且希望生活在一個單極的世界，沒有可與其匹敵的對手。不過，即使葉爾欽（Boris Eltsine）對西方表現親切，他仍將俄羅斯裂解，俄羅斯 1991 年與 2000 年間的國內生產毛額（GDP）減少了一半，而國家的權威蕩然無存。普丁（Poutine）自二十一世紀初，受益於能源和原物料價格的上揚，重新建立了俄羅斯的強權。而美國被 2001 年 9 月 11 日的傷痛所蒙蔽，且對本身的超級強權具十足把握，便在不合法的基礎上，於 2003 年對伊拉克發動戰爭。與 1990 年波斯灣戰爭有所不同，這場戰爭在戰略上失敗，強烈影響了美國在全世界的受歡迎程度。

至於新興的強權，則紛紛質疑在聯合國安全理事會控制下的美國霸權，認為安理會的組成已經無法反映當代的現狀。為了讓安理會更具正當性，更有效率，有必要再擴增五個新的常任理事國。前任祕書長科菲・安南（Kofi Annan）於 2005 年提議，將日本、印度、南

非、巴西及德國納入，此舉遭到中國與美國反對，兩國不希望加強國際組織的正當性與效率。

即使共產主義與西方的意識形態衝突不再，國與國之間的競爭仍維持激烈狀態。我們並未進入「時代的終結」，這是美國分析家法蘭西斯‧福山（Francis Fukuyama）於 1990 年所作的預言，亦即這時期美國式的自由民主已推展至全世界。真正的「國際社會」並沒有來到。雖然存在一個人人共有的世界空間，但並沒有政治的意志來共同解決人類所遭遇的巨大挑戰。當我們提及一個「國際社會」，經常會連帶提及其失敗之處，鮮少有例外。同樣地，即使有經濟全球化讓數以億計的人們脫離窮困，卻也沒有真正的全球經濟治理。即使國際貨幣基金會（International Monetary Fund, IMF）未能預料 2008 年的金融危機，但它仍能發揮作用，避免經濟衰退到災難性的地步。世界貿易組織（World Trade Organization, WTO）所展開的多次回合談判，也未能達成普遍性貿易自由化協定。整個世界尚未呈現多極化，乃是因為美國強權沒有實力相當的對手。但是整個世界也亦非形成單極化（如老布希所

堅信或川普〔Donald Trump〕所期盼），因為縱使握有強權，任何一國家都無法強制對地球上的其他國家施加本身的計畫及規則。整個世界已然全球化，強權破散。在這個互相依賴的世界中，多邊主義會是全球挑戰的一個解方。於 2015 年 12 月所召開的 2015 年聯合國氣候變遷大會（COP21）上，儘管所有的國家狀況與利益不盡相同，卻都同意一個具約束性的律法以對抗氣候暖化。2018 年，美國退出該協議。

　　如今，多邊主義遭遇危機，因為身為世界首強的美國並不願意加入，而其他兩個主要的強權：中國與俄羅斯，則對多邊主義具有極為單方面的詮釋。

　　即使危機與衝突的數量較冷戰時期的數量少，且造成的受害者較少，但這仍然顯示出缺乏全球治理的情形。

摘要 •

與最初的期盼正好相反，冷戰的終結並未創造世界新秩序與真正的集體安全體系。國與國之間的競爭依舊激烈，而且仍是危機的來源。

2 恐怖主義

　　2001 年 9 月 11 日，蓋達組織（Al-Qaeda）針對紐約世貿大樓與華盛頓五角大廈的自殺攻擊，驚悚地襲擊正處於強權高峰的美國。「伊斯蘭國」（Islamic State of Iraq and the Levant）組織在橫跨敘利亞與伊拉克兩國的境內，建立一個土地面積廣達 20 萬平方公里的恐怖主義國家。這是首度有恐怖組織據有領地。

　　恐怖主義確實是在媒體中最常處理的戰略主題。它是以西方國家安全的主要嚴重威脅而被加以介紹。2015 年 1 月《查理週刊》（*Charlie hebdo*）總部與 Hyper Cacher 猶太超市槍擊案，引發廣大的群情激動，並導致法國以前所未見的規模發生示威遊行，集結數以百萬計的民眾。然而法國又再度遭受恐怖攻擊，分別發生於 2015 年 11 月 13 日（130 死）、2016 年 6 月與 7 月（89 死）、2017 年 4 月 20 日與 10 月 1 日（分別為 1 死與 2 死），以及 2018 年 3 月 23 日（4 死）。恐怖主義同

樣蔓延至比利時、西班牙、英國及美國。不過西方國家遠非恐怖主義的唯一受害者。

非西方國家也可能是恐怖主義的目標,即使這個議題在輿論當中所占的篇幅較少。土耳其、突尼西亞、俄羅斯、象牙海岸、馬利(Mali)、奈及利亞、伊拉克、敘利亞、阿富汗、印度、巴基斯坦及索馬利亞等國尤其戲劇性地遭受波及。

恐怖主義所造成的破壞與恐怖主義所引發的反應規模,兩者之間大不相同。在西方群眾與媒體的心理,恐怖主義取代了蘇俄的危害,成為最主要的威脅元素。然而,它甚至不會對西方世界的存在造成問題,因為它不是強權,而只是一個行動的方式。正如歐巴馬(Barack Obama)針對恐怖主義所作的聲明:「好幾群用卡車搭載的戰士,喪心病狂地在公寓或車庫裡密謀,對平民造成巨大的危害,但這對我們國家並非重大威脅,而重大威脅才是伊斯蘭國欲使人深信不疑的意圖。」確實,恐怖攻擊會突然發生在任何地點與任何時刻,相對於威脅的現實性,會招致不成比例的焦慮心理。恐怖主義可能會發生在人民的日常生活當中,

如在交通運輸、學校、商店等，對所有國家的人民發動襲擊。恐怖主義打破戰士和非戰士的區別。它讓全世界成為潛在的戰場。相對於其他的威脅，它所造成的死亡人數相對有限，但是它潛在的範圍卻是無限。雷蒙・艾宏（Raymond Aron）已於 1962 年描述恐怖主義為一暴力行動，其心理作用與純粹物理的現實不成比例。與一般觀念相反的是，911 事件並未造成地緣政治的破裂。各強權的個別地位也並未改變，至少沒有多過於國際勢力關係的改變。但是恐怖主義特別引人注目之處，在於它顯示出人們可以從一個遙遠、孤立且貧困的國度，組織恐怖攻擊行動，去襲擊世界首強的心臟地帶。

恐怖主義是一種不對稱的戰爭型態，若干團體藉助此法以繞開其對手的軍事力量。而軍事力量幾乎完全將西方國家自外部威脅的恐懼中釋放出來，然而恐怖主義攻擊依然可自其主要的安全縫隙中滲入。

「恐怖主義只有一種定義」是世人無法接受的說法。那些被其他人形容為恐怖分子的人自認為是反抗者。在殖民戰爭期間，聯合國認可藉由武力而取得獨

立的可能性，不過這只能是對抗殖民武力的軍事行動，而非針對平民的恐怖攻擊。可取得最初共識的定義有以下幾點：恐怖主義是一個政治行動（因此不受犯罪或經濟動機所支配），它採取暴力行動的手段（不涉及宣傳或意識形態的議論），且它針對不固定的平民（對手的軍事力量不是唯一要對付的目標）。不過在定義上仍有一個主要的分歧點：恐怖主義是否只是由國家層級以下的團體所為，或者也會是國家所操作的恐怖主義行動（向平民百姓進行空襲、附加傷害、準軍事部隊的民兵敢死隊等）？

恐怖主義此後被認為是西方國家、俄羅斯、阿拉伯及穆斯林國家裡最主要的威脅……一份由「世界恐怖主義資料庫」（Global TerrorismDatabase）所完成的研究指出，2017 年時，只有 3% 的恐怖攻擊是在西歐境內犯下（291 起），而 98% 的死亡與 93% 的襲擊案發生在中東、非洲、南亞與東南亞。最嚴重的地區位在北非與中東（3,780 起襲擊案，造成 10,819 人喪命，占全球比重的 41%）。2018 年的襲擊案增至 15,321 起，死亡數達到 13,483 人。

某些政權為了對抗恐怖主義，會嘗試運用藐視人權的壓制手段。某些政權則認為不該質疑恐怖主義的成因，因為這會轉而為其尋找藉口，因而將其正當化。不過即使我們該有效對抗恐怖主義，也最好思考其成因，且勿採取會對結局雪上加霜的決定。伊斯蘭國的目標之一，乃是在穆斯林與非穆斯林之間進行挑撥。尤其是在某些西方國家裡，更是激化了將穆斯林和恐怖分子混為一談的認知。僅使用軍事手段並不足以應付，反而會滋養恐怖主義。2003 年的伊拉克戰爭，原本應該是對抗恐怖主義，結果反倒大大促進其發展。運用政治手段解決無解的衝突（對抗腐敗的政權、避免陷入衝突的僵局），才是最佳良方。

　　自 2016 年起，伊斯蘭國已失去幾近全部的領土。不過它依然有能力在多國犯下流血的恐怖攻擊。尤其是恐怖主義不會因為終結而消失。摧毀恐怖主義也需要應對其成因。

摘要 ●

恐怖主義呈現了主要的戰略威脅，媒體與心理的衝擊高於其實際的戰略成效。以對抗恐怖主義的成效觀之，政治手段更勝於軍事手段。

3 核子擴散

　　對抗核武擴散是核子強權的首要地緣政治目標。然而這些強權卻是依賴核武儲備以擁有自身的安全。

　　對核子武器擴散的恐懼隨著這類武器的誕生而出現。自 1945 年起，美國建議蘇俄放棄其對原子能的壟斷，換取原子循環的國際化，以阻止未來所有國家皆擁有終極武器（李林沙—巴魯赫計畫〔Lilienthal-Baruch〕）。而聯合國最初的解決方案是呼籲普遍且完全的解除核武。

　　關於擴散，原則是「N+1」。每個國家都認為其擁有核武並不會危害世界安全，但是在他們眼裡，若多一個國家加入這個原子能俱樂部，就會造成危害。美國認為本身的民主體質與本身所體現的普世價值，其核子壟斷並不會危害世界。蘇聯則認為兩個超級強權控制核武得宜，可以達成平衡。根據較早前的條約，美國並未阻止英國成為核子強權。而莫斯科方面與華

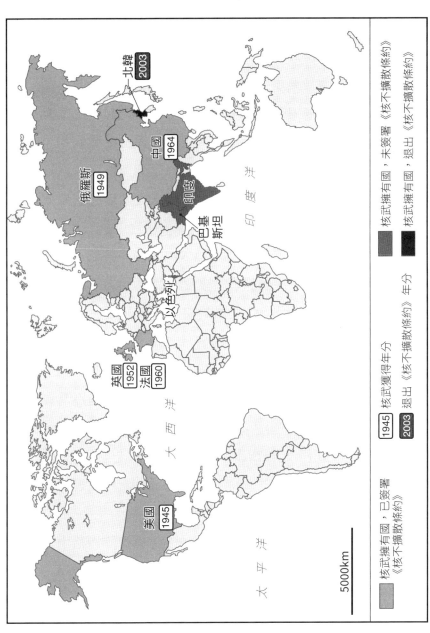

全球核武概況

盛頓方面則強力運作，以使中國與法國無法獲得此一地位。不過當美國努力阻礙法國步入核能原子時，蘇俄首要便是致力關切其中國盟友。北京方面與巴黎方面均認為其加入核武俱樂部，可打破美蘇共管局勢，並建立一個新的全球戰略平衡。而巴黎方面協助以色列擁有核武，不過當這個希伯來國度完成自己的核武時，法國便停止與以色列在這領域繼續合作。

1968 年《核不擴散條約》（NPT）獲得簽署，該條約將國家定義為兩個範疇：核武擁有國（亦即 1967 年 1 月 1 日前已進行過核試爆的國家）與非核武擁有國及未來將放棄核武擁有的國家。該條約認可五個正式擁有核武的國家：美國、蘇聯、英國、法國及中國。三個國家未簽署《核不擴散條約》（因此並未違反其義務），接著由原子能武器擁有國簽署，包括以色列、印度及巴基斯坦。北韓為簽署國，但退出了該條約，並成為核武強權。北韓自 2011 年起進行過六次核試爆，其中還包括熱核武器。

不擴散核武器的意志包含在核武的獨特性格中，此武器是權力的均衡器。為了威攝另一個核武擁有國，

無須與該國擁有等量的核子武器。核子武器與傳統武器相反，後者數量不受法律限制。擁有核子武器被認定是「終極」的武器，意味著擁有特權。擁有者自然拒絕與他國共享。這些國家有百來個矛盾：他們認為擁有核子武器可以確保其安全，這是根據威懾的概念而來，但卻認為其他國家若是取得該武器又將危害國際安全。這些擁核武國都是最強勢的國家，辯稱為了本身的安全需求，可以壟斷一個強調不同地位的武器。但如果威懾表示安全，則每個國家都應該擁有核武，方能確保世界和平。然而非常有可能的是，愈增加擁有核武角色的數量，則愈增加意外使用核武的風險。

強權大國也躲在非理性爭論的背後。美國與蘇聯都認為，無論是法國的戴高樂或是中國的毛澤東都不足以信任成為核武儲備的巨頭。相同的爭論也擴及其他的核武擴散國，如印度、巴基斯坦，再加上伊拉克、伊朗及北韓。然而我們注意到，每個意圖擁有核武的國家，都不是因為要對其競爭對手存有侵略性的目標而去擁有。主要的目的是將其領土，與其政權「聖地化」，亦即透過核武的威攝作用，確保沒有任何威脅可

以加諸在自己身上。

　　舉例來說，即使北韓領導人金正恩會給予人不安的形象，他卻也沒有比較不理性。他的目的並不是要征服南韓，也不是要摧毀美國，而是要維繫其政權。核武是他的保險。這也是為什麼他會接受放棄核武這件事是令人懷疑的（不過川普對此卻深信不疑）。核武代表權力矛盾不受距離的拘束。事實上也多虧彈道飛彈，再也不需要具備共同的邊界來觸發戰爭或執行核武威懾。

　　核武動搖了地緣政治，為戰爭帶來革命性的概念。領土可以作為屏障，避免發生非觸發性的衝突，但核武卻可能導致領土遭受全面摧毀的風險。

　　然而，要求禁止核武的行動就此展開。2017 年，國際廢除核武器運動（ICAN）獲頒諾貝爾和平獎項。

摘要　•

核武強權都具有矛盾的論述。這些國家認為透過核武威懾可確保其安全，但擁有核武國家的數量增加，卻強化觸發核戰爭的風險。因此這些國家採取阻止核武擴散的措施，該政策逐漸為多數非核武國家所接受。

4 戰爭的永久性

期盼一個沒有戰爭的世界是人類長久以來的夢想。然而冷戰的終結，依然沒有實現這個期待，未能達成衝突的終結。

1795 年，康德（Kant）出版其著作《論永久和平》（*PerpetualPeace*）。十八世紀時，某些人認為發展國家間的貿易關係，會導致戰爭的終結，建立「貿易所帶來的和平」。

1914 年春天，國際關係中最具影響力之一的英國作家亨利・諾爾・布萊爾斯福德（Henry Noel Brailsford），撰寫《鋼鐵與黃金的戰爭》（*The War of Steel and Gold*），內容寫到：「六個最大強權國家之間將不再有戰爭。」H. G.・威爾斯（H. G. Wells）於同年寫道：「二十世紀初，沒有什麼能比讓戰爭變得不可能發生的速度更快的事情。」

但這些論述都證明是錯的。被定義為「肯定是最

後一次」的第一次世界大戰於不久之後爆發了。

　　柏林圍牆倒塌後，世界無戰事的妄想再度出現。
西方國家認為戰爭的鬼魅已經永遠消散。此乃雙重的
謬誤。第一重謬誤在於，我們將 1945 年後的時期定義
為戰後。即使歐洲免於衝突（除同為北約成員國的土
耳其與希臘，雙方 1974 年爆發戰爭為例外），1945 年
與 1990 年間，總計約 160 場的衝突震撼其他的大陸，
造成 4 千萬以上的人員喪命。1990 年初，戰事再度於
巴爾幹半島爆發。

　　此外，「歷史的終結」或「新世界秩序」理論，已
迅速遭地緣政治的現實所掃除。即使東西方的競爭是
二十世紀下半葉的主要分歧，但競爭的終結並不代表
地球表面上的戰爭終結。

　　美蘇競爭並不會減少到只剩下意識形態的衝突。
意識形態的衝突在過去便存在，但在第二次世界大戰
的兩大主要強權之間，很快被加入傳統的地緣政治競
爭。就算蘇聯不曾有過共產政權，對美國而言，依然
不可能眼睜睜看著一個國家控制整個歐亞大陸。不過
相較之下，若要動員內部（美國輿論）與外部（尤其

是歐洲人民）的支持，意識形態的動機（防禦自由、民主）比戰略的競爭（盡可能將控制延伸至最遠）來得容易。而意識型態的動機已掩蓋戰略的競爭。

若戈巴契夫賭對，將蘇聯的共產主義改革，在內部環境去除破壞自由的各個面向，在外部環境去除侵略性的各個面向，而因此保留蘇聯領土的基石，則莫斯科與華盛頓雙方面的競爭仍會在其他的形式下持續進行。

國家間的競爭早在共產主義的誕生前便已存在，且在共產主義失敗後仍將持續存在。衝突的成因各式各樣，可以是領土方面、經濟方面，為了取得能源、水、原物料或控制人口、移民潮所發起的抗爭作用，因控制不良的程度加劇所造成。這些成因一向都很重要，且沒有消失的意味。

由於全球化的事實，貿易關係的發展又再一次成為防止新突發衝突的保險。技術發展也同樣具有傾向和平的性質，而這可以是雙向的關係。柏林圍牆倒榻之後，並不缺乏流血衝突及大規模的屠殺。

要避免觸發新的衝突，所依賴的並非技術或經濟

的演進，而是政治的決斷，以及由政府與人民所採取的方向。

　　然而我們注意到，在表象之外，衝突有所減少且造成的死亡有所降低。主要的衝突（每年超過 1,000 死）由 1990 年的 13 場降至 2017 年的 7 場，而同時期的小型衝突（介於 25 至 1,000 死），則是由 50 多場降至 30 多場。

摘要 •

人們屢次渴望一個無戰事的世界，抱持著和平世界終會到來的妄想。不過與無數次的期盼正好相反，無論是貿易關係或是技術發展，都無法得到期盼的結果。戰爭或和平取決於政治的決斷。

5　氣候暖化

　　氣候暖化未來將具有重要的戰略影響，甚至能夠造成國際安全問題。

　　它可以被定義為全球大氣平均溫度的升高。科學家們（特別是「政府間氣候變化專門委員會」〔IPCC〕）幾乎一致認同此暖化乃是由人類活動引發，尤其是溫室氣體排放的增加。

　　濫用化石燃料（炭、石油、瓦斯）與砍伐森林為氣候暖化的成因。而所造成的結果是冰原縮小、冰河倒退、氣溫升高及海平面上升。此最終將減少農作物的產量、水資源，增加乾旱與火災的現象，局部土地會被淹沒，尤其是三角洲地帶。

　　可居住土地的資源稀薄化，將形成衝突的來源。氣候暖化是主要的威脅，將影響地球的倖存。

　　即使此現象獲得廣泛的認知，包括輿論在內（尤其多虧非政府組織的行動），但即使各項技術面與政治

面的解決方法都已經羅列出來，集體的政治意志卻仍舊匱乏。1998 年簽署的京都議定書（Protocole de Kyoto）未獲美國與中國的批准，然而這兩方卻是最主要的溫室氣體排放國。聯合國氣候變化大會的哥本哈根會議（2009 年）、坎昆會議（2010 年）、德爾班會議（2011 年）、杜哈會議（2012 年）及華沙會議（2013 年）皆未達成具約束性的協議。於 2015 年 12 月所舉行的巴黎會議（COP21），達成一項具約束性的協議。雖然該協議的約束性規模遭到某些人的批評，但仍構成受歡迎的改變趨勢。尤其協議中決定成立針對氣候的綠色基金，每年挹注 1 千億美金，並於 2050 年將氣候暖化的上升限制在 1.5%。然而不幸的是，美國總統川普（Donald Trump）宣布於 2018 年退出該協議。隨後巴西新任總統雅伊爾・波索納洛（JairBolsonaro）亦決定跟進。中國則利用這個機會重申自己有意當一個對抗氣候暖化的「好學生」。

2007 年，諾貝爾和平獎頒贈給艾爾・高爾（Al Gore）與政府間氣候變化專門委員會。諾貝爾委員會傳遞一個帶有地緣政治意涵的訊息——將環境保護置

於和平與戰爭爭議的核心之中。對抗氣候暖化不單是科學事務、技術或經濟議題，同時也是重要的戰略問題。毫無疑問，地球正處於環境惡化的節奏，比起恐怖主義或大規模毀滅性武器擴散這類被強調的傳統風險，氣候暖化使人類的未來看起來更加危險。已經有好一段時間，戰略專家紛紛關注起環境保護議題，並將其納入自己的論點之中。和平和環境之間的關係不僅是全球性的，也同樣是地方性的。

在某些非洲區域，乾旱是觸發或惡化衝突的因素，這是由於變得更為稀罕的資源加重了爭奪的情形。

根據聯合國報告，在蘇丹的達佛（Darfour），由於土地剝蝕與沙漠化，形成引爆衝突的眾多原因之一，而至今該地區仍有流血衝突。另外水位上漲，尼羅河三角洲或孟加拉的居民將遭受波及。但是他們可以去哪裡避難而且不會加劇已經是充滿緊張的地緣政治局勢呢？又例如喜馬拉雅山冰川的消融，融化的水對印度、巴基斯坦及孟加拉都十分重要，而這會帶來什麼樣的後果呢？許多案例，我們都可以見到環境保護與和平維護之間的互動關係。

摘要　●

氣候暖化是人類活動的產物。輿論有意識到氣候暖化對人類
未來所造成的危險將會加重。多個近乎專制的國家，其政府
終能透過於 2015 年 12 月所簽署的巴黎協議，達成制定旨
在終止氣候暖化現象的約束性措施。但此後這項協議卻遭美
國這個造成氣候暖化的要角之一所質疑。

6 文明衝突

　　一向居於主宰地位，但正在衰退的西方世界，將正面遭遇受宰制但卻正在擴張的穆斯林世界的挑戰。

　　《文明衝突》的概念由美國學者山繆・杭亭頓（Samuel Huntington）所發想，是 1993 年發表於《外交》（*foreign affairs*）雜誌的一篇文章。根據他的說法，冷戰結束並不代表戰爭的結束，而是突變成另一種樣貌。原本幾乎是君主間私人恩怨導致的戰爭，在法國大革命之後，轉而使全部的國家相互對抗。二十世紀時，戰爭演變成意識形態的性質：共產主義對抗自由主義、納粹主義與法西斯主義對抗民主陣營與共產主義的聯盟。冷戰也同樣屬於意識形態的戰爭。蘇聯的瓦解使得此型態的衝突告終，但法蘭西斯・福山（Francis Fukuyama）卻預言《歷史的終結》，亦即衝突的終結，而山繆・杭亭頓則宣告一個新時代的誕生：文明間對抗的時代。

他將文明定義為文化的認同，加上客觀的元素（語言、宗教、歷史、傳統、習俗）及主觀的元素（歸屬感）。杭亭頓將八種型態的文明予以區別：西方、中華、日本、伊斯蘭、印度、斯拉夫—東正教、拉丁美洲及非洲。意識形態戰爭中，陣營的改變是有可能的，但文明間的對抗正好相反，其立場是不可動搖的根本。他預言未來地緣政治的軸心將會是西方世界與穆斯林世界的對抗。他同時也提出中華文明世界（中國周邊區域）的權力擴張，並論及可能發生的中華—伊斯蘭軸心，此聯盟注定要顛覆西方的宰制。

杭亭頓的論點引發強烈的衝擊，成為地緣政治議論的核心主題。他成功之處在於將衝突論述大量表列，將過去東西方對抗這個全面性的認知重點取而代之。若干事件似乎也強化《文明衝突》的論點。波斯灣戰爭發生於柏林圍牆倒塌的數個月後，海珊（Saddam Hussein）似乎在挑戰西方世界。接著 1990 年代初，巴爾幹戰爭反常地發端於一個未曾在冷戰時期爆發衝突的大陸上，克羅埃西亞人屬西方陣營，塞爾維亞人、傳統斯拉夫人及波士尼亞人則屬穆斯林。

若詳加觀察，事情並非如此簡單。有許多阿拉伯國家加入的國際結盟，實際上反對海珊。歷史、語言及習俗將塞爾維亞人與克羅埃西亞人團結在一起，唯獨宗教將雙方拆散。1990 年代最血腥的若干衝突為非洲的內戰，也就是說，這些衝突處於同一文明之內。同樣地，戰術利益可能造成南北韓間與中國對台灣最具毀滅性的衝突。

　　不過伊斯蘭與西方世界的對立，在 2001 年 9 月 11 日的恐怖攻擊後，理所當然地更加引人注目。杭亭頓太常被人提及，但實際上閱讀他著述的人卻很少，使得許多關於他的議論其實是誤解。而其經常被加以探討的論點，使他被歸類為新保守主義者，但他其實並不是。他強烈批評小布希（George Bush），尤其是針對其決議出兵伊拉克發起戰端。他屬於國際關係中的現實主義派，他並未鼓勵文明衝突，而是描述一個他企圖說明的現象。

　　我們可以對其論點充斥太多決定論的內涵而予以究責。歷史的腳本是不可能先預寫好「各個文明之間不會自發相互衝突」。不過另一個他經常犯下的謬誤，

在於否定這項假設，因而產出若干會導向決定論的策略。文明的衝突並非不是不可避免，它不會在同個文明的所有成員之間，採取一般普遍的衝突形式，但穆斯林世界與西方世界之間的鴻溝理所當然是存在的，這是目前主要的戰略挑戰之一。這道鴻溝將會縮減或擴展，端賴雙邊所採取的政策。

摘要 •

即使冷戰終結代表意識形態戰爭的終結，意識形態戰爭卻不會就此消失。意識形態戰爭只會改變其意涵，並對文明的未來形成阻礙。意識形態戰爭被客觀因素（語言、歷史、宗教）與主觀因素（歸屬感）所定義。根據該理論，最有可能發生的便是西方文明對抗穆斯林文明。

7 失敗國家

　　失敗國家的政府無法有效控制其領土。此一真空狀態將形成安全的挑戰與社會的災難。

　　「failed States」或「collapsed States」構成地緣政治上雙重的挑戰。這些國家無法實踐傳統上認定的主權功能——一個國家是由政府有效控制領土與居中生活的人民。根據馬克思·韋伯（Max Weber）的定義，國家擁有「合法暴力的壟斷權」。但一個失敗的國家，再也無法實踐此能力。於是其存在便容易造成問題。在一塊土地上施加威權的游擊隊、軍隊、軍閥、準軍事團體、犯罪組織或恐怖分子，其存在令合法暴力的壟斷權產生疑慮。失敗國家內部不再能一致遵守本身的法規。這樣一個國家再也無法確保其人民的安全與發展，無法有效控制其領土與國界。失敗國家也因此無法擔負其國內與國際的責任，而在失敗國家裡的暴力則形成碎裂化且私人化的現象。

缺乏對領土的控制往往形成衝突的處境、國家結構的弱化、若干組織對資源控制的競爭。失敗國家往往會惡性循環。失敗國家的弱點是造成本身更加虛弱的因素。它無法對抗其競爭對手，這些競爭對手遂建立一個交易熱絡的灰色地帶，包括原物料、人口、武器、毒品、瀕危物種。不同的組織皆利用這些資產，作為其生存的手段。他們奪走國家建立威權的方式，並掠取其資源，對其造成損害。

　　「和平基金會」（Fund for Peace）智庫與《外交政策》（*Foreign Policy*）雜誌每年都會共同發表「脆弱國家指數」（Failed States Index），該指數由綜合社會、經濟及政治等三項類別中的十二項指標所評定。2018 年，前十大失敗國家，按次序分別為：南蘇丹、索馬利亞、葉門、敘利亞、中非共和國、剛果民主共和國、蘇丹、查德、阿富汗及辛巴威（《脆弱國家指數》，和平基金會 2018 年報告）。

　　一個國家的失敗特性，由多項徵狀表現出來，包括對民主的鎮壓，集體暴力、長期且持續的發展不均衡，經濟衰落、犯罪、公共服務的惡化、不尊重人權或其他強權的干預。

摘要 •

當一個政府無法有效控制其領土，且其威權破碎化時，我們
便可以稱之為失敗國家。其往往失去中央威權，造成安全的
真空，於是軍隊、犯罪或恐怖組織就趁隙而入。

8 太空戰爭

在冷戰期間，征服太空成為莫斯科與華盛頓激烈競爭的目標。控制外太空的競爭，形成東西方（美蘇）角力最巔峰的時期之一。

這裡討論的確實是指「征服太空」。甘迺迪（Kennedy）總統將太空定義為美國的「新邊界」。因此這的確是為了外太空的領土所做的競爭。所牽涉的不單只是科學競賽，也是名副其實的戰略與重要軍事主題。太空是核武可能飛越並擊中對手的場域，也是地球觀測衛星航行的地方（此舉將可在未前往其他國家領土的前提下，便獲得該國情報，侵害他國主權）。

德國早在第二次世界大戰時，便差點透過長程軍武 V2 火箭的發展，反轉軍事關係。與空用武器相同，該火箭能不受距離約束，並輕易讓他國領土變得脆弱不堪。

美國與蘇俄對太空的企圖取決於對核武的掌控，

與在兩個超級大國關係中所扮演的中心角色。只要是位在一個國家上方的天空便屬於該國的領土，因而可以擷取蘇聯戰略情報的偵察機就具有被蘇聯合法擊落的風險。然而外太空不具國家主權，可自由環繞的衛星得以擷取重要的數據，將對手軍力位置加以定位。此乃太空治外法權所提供給美國的戰略面向。

對蘇聯而言，配備洲際火箭可將華盛頓與莫斯科一向存在的不對稱戰略予以終結。一直到 1950 年代末，美國領土仍不在蘇俄火箭的射程範圍內，頂多只能擊中位在歐洲的目標。相反地，美國從他們在歐洲的基地，便能擊中蘇聯境內多數的戰略點。雖然蘇聯與美國都是核武強權，兩國卻並非處於對等的地位。

美國因此以科學為目的，將征服太空視為星際空間的探索計畫。

1957 年 10 月 4 日，蘇聯史普尼克計畫（Spoutnik）的展開，加上在美國領土上空接收到首枚衛星回傳的「嗶嗶聲」，令美國產生不再具有領先優勢，且領土遭受直接威脅的體驗。這項威脅更勝過一向提供美國屏障，不讓潛在對手能夠企及的地理條件。

在軍事藝術中，最高竿的掌控境界一向是在於秀出關鍵性的戰略王牌。以此類推，太空成為最終極的掌控目標，得以控制並主宰陸地位置。不同之處在於，太空首先是一個交通往來之地，每個衛星的位置無從獲得保護，且不是那麼難以觸及，這和在山區定位的情況相同。

攔截衛星可能會引發太空中的珍珠港事件。

此一脆弱性說明了美國的飛彈防禦系統仍較受青睞，其中的概念，或多或少是重設防護罩，使得美國的領土能夠再度得到庇護。太空競賽同時也是現代化的象徵。每個能強勢發射通訊衛星的國家，都是為了要向全世界昭告本身的技術能力，而此能力在先決上是和平性質，與核武正好相反。

中國此後擁有發射外國商業衛星與攔截衛星的能力。它期望征服象徵其權力的太空。2018 年，美國總統川普宣布成立了「太空軍」（Space force）。

摘要 •

美國與蘇聯均視征服太空為宰制另一個超級大國的手段。最高竿的掌控境界，傳統上是在於秀出關鍵性的戰略王牌。

9 網路戰爭

　　網路空間，一如人類湧入的所有空間，將會是強權間的對抗標的。

　　網路是軍事發明的衍生產物。對美軍而言，它是對手發動可能的核武攻擊後，在疏散情況下還能繼續維持溝通的工具。

　　網路空間成為繼陸、海、空、太空後第五個可能作戰的場域。針對資訊系統的攻擊會造成對一國經濟致命的打擊，或對製造危險材料工廠的維護造成損害。

　　2007 年，一場歸咎於俄羅斯的網路攻擊，暫時性地癱瘓愛沙尼亞。事實上，攻擊者大多數是俄羅斯的駭客，為了抗議一處紀念二戰期間蘇聯陣亡士兵的遺址遭拆除而下手。究竟這是個人所為，抑或是由國家贊助而組織的行動，殊難查證。2008 年，喬治亞對俄抗戰之時，其外交部與國防部網站均遭到資訊攻擊。

　　我們對於網路空間中能夠被利用的武器知悉有限。

侵犯行為的起源並不明朗。許多國家建有網軍。美國設置網戰司令部（Cyber Command）以保護本國電腦網路系統，並對其敵人發動可能的攻擊。北約正尋思是否將網路攻擊比照北約組織成員國面對軍事侵略時應當採取一致行動的作法。不過在同一時間，美國並不願意自網路空間撤軍，深恐此舉將引入嚴格的網路規範，違背其利益。

　　然而矛盾之處在於此軍力本身即是弱點。這些是最仰賴這類技術的國家，進而從中掌握了額外的權力，在面對同類型的攻擊時將成為最脆弱的國家，因為這會對其社會帶來更巨大的衝擊。另一方面，這些同樣技術進步的國家可以運用更多的手段自我保護。但這議題仍有未知之處，如在網路攻擊之中，此技術是否將盡情運用大數法則，一如核武威懾（即使手段有限，卻仍可以和強權平等對弈），或者是否強權大國仍具有優勢。

　　網路攻擊所利用的方式從大外宣與假訊息到收集數據、拒絕提供服務（造成無法使用）、破壞能協調防禦用途的軍事設備與材料，以及攻擊敏感基礎建設。

全球網路戰爭

資料來源：葛倫‧葛林華德（Glenn Greenwald）‧《無邊界線民》（The Guardian）‧《衛報》‧布蘭登‧瓦勒里亞諾（Brandon Valeriano）與萊恩‧曼尼（Ryan Maness）‧《作為情報媒體系所建的網路監察報理論》‧卡斯伯里實驗室（Kasperly Lab），2013。

美國國安局的監控程度

▢	弱
▨	普通
▨	高
▓	極強
▢	缺乏相關資訊

伊朗　公認或遭強烈懷疑為一場或多場針對第三國進行網路攻擊的主使國家

⟶　主要的攻擊

079

中斷運作可以是暫時性或永久性。也有可能破壞戰略
基礎設施而不造成任何傷亡。而要確認攻擊的源頭則
一直有其困難度，因而使反擊益發複雜。

　　以色列由於擔心形象下滑且在網路（Web）上收到
愈來愈多的批評，已經部署一支反應與干預部隊，專
責以有利於以色列政策的評論來餵養各個不同網站。

　　俄羅斯被指控利用駭客干擾美國 2016 年的總統選
舉。即使試圖操控在事實上有其可能性，希拉蕊·柯
林頓（Hillary Clinton）的落敗仍說明此乃是其他多項
內部因素所造成的結果。

　　2010 年 6 月，震網（Stuxnet）病毒在伊朗布什爾
（Bushehr）核電廠技術人員的電腦中被發現，該病毒
會刺探並重新設定工業系統、水力發電廠或核能發電
廠。這項攻擊可能是由美國或以色列所為。

　　2015 年，中國與美國為一項協議展開談判，內容
是約定一方避免在網路空間攻擊另一方。近來有兩項
網路攻擊造成全球性的衝擊：一是影響 150 個國家的
「想哭」（Wannacry）蠕蟲病毒；二是 2017 年 6 月來
自烏克蘭的網路攻擊，造成許多東、西歐企業（俄羅

斯石油公司〔Rosneft〕、法國國家鐵路公司〔SNCF〕、侶〔LU〕、默克集團〔Merck〕、歐尚〔Auchan〕、車諾比〔Tchernobyl〕等）的損失。

　　國際上的大國領導者間彼此有一共識，即掌控人工智慧的國家將是明日的強權大國。綜觀人工智慧由美國與中國兩強所主宰，對歐洲取得了絕大優勢。俄羅斯與以色列同樣發展強大的能力，伊朗、南韓及日本則緊追在後。

摘要 •

繼陸、海、空、太空之後，網路空間是強權競爭的第五個場域，因此成為地緣政治的主題。即使我們依然對這領域裡的衝突形式與結果還存在著廣泛的未知，但各國網軍已開始建置。

10 移民

　　移民是指生活在某一個國家至少一年以上，卻並非該國公民的人。移民潮代表一個大舉遷徙的現象，會帶來對人文、經濟及戰略的影響。

　　難民是「任何因為種族、宗教、國籍、屬於某社會群體或政治主張等理由而害怕遭受迫害的人，待在自己國籍所在地以外的地方，且不能，或基於這份恐懼而不願尋求該國籍所在地的保護。」2019 年的難民數總計有 2,700 萬人。

　　十六與十七世紀時，移民行動藉由貿易與殖民潮而發展。首先是北向南的移民。十九世紀時，經濟蕭條、饑荒及交通運輸能力的改善，導致移民潮遽增，尤其是從歐洲與亞洲移往美國。

　　二十世紀初時，據估計全球人口的 5% 是移民。這是前所未有的最高峰。第一次世界大戰與 1929 年經濟大蕭條使移民潮減低。二十世紀下半葉時，這些移民

潮不再以北向南為主，而是南向北或南向南。如義大利、西班牙，甚至英國，均從外移國家轉而成為移入國家。

美國普查局（US Census Bureau）估計在美國（由多次最大量的移民潮所發展而成的國家）的移民數量達 4,450 萬，即占總人口的 13.7%。川普競選活動的主軸，就在於反對入境美國的移民潮，尤其是指來自拉丁美洲及穆斯林世界的移民。移民為了尋找更好的生活條件，逃離苦難、內戰、高壓政權或渺茫的前途。離開原生國及其近親從來就不是一個簡單的決定。冷戰期間，那些逃離獨裁政權，尤其是共產主義的人，得到了西方國家的張臂接納。確實，在當時那個年代，這些西方國家還沒有失業問題。但情況在之後有所改變。1975 年越共取得政權，法國在一年之內便接納了 17 萬的難民，這些難民很快便融入當地。「經濟難民」已經變得比「政治難民」更為龐大。

移民數量較過去四十年增加三倍，從 1975 年的 7,500 萬人，到今日的 2 億 5,800 萬人（國際移民組織〔IOM〕，2017），占全球人口的 3.4%，較二十世紀初

的比例低。

　　主要的移民行動位於南南軸心（axe Sud-Sud，譯按：南南指的是南、北半球的南方國家），根據聯合國難民署（UNHCR）統計，85% 的難民生活在發展中國家。這些國家與被內戰蹂躪的國家為鄰，因而接納了大多數的難民。北方國家由於受到失業增加及部分人民的排斥感所影響，進而傾向關閉其邊界，或實施「選項」政策，類似「搶人才」的概念，唯獨有資格的工作者方能移民。北方國家的人民害怕失去其國家認同（即使是傳統上，像法國這類的移民國家也都是如此）以及在高失業率社會中的工作競爭。

　　每年都有數以千計的移民在試圖取道地中海前往歐洲時喪命。

　　這些悲劇在輿論中製造出雙重的心理衝擊，一是與移民團結一致，另一個則是擔憂不受控制的移民潮。

　　這種情況在開放接收難民與部分開放，或甚至不開放接收難民的歐洲國家間造成緊張關係。歐洲似乎是移民眼中的「太平洋黃金國」。繼武器與毒品交易，人口交易成為組織犯罪最具利潤的第三大活動項目。

三個主要的移民路線

圖例：
三個主要的移民路線
歐洲國際邊界管理署（FRONTEX）聯合行動
2017 年接納國際移民的主要歐洲國家
法國
2017 年被接納的國際移民數量（百萬）
7.9M

1 000 km

土耳其 4.9M
伊斯坦堡
亞歷山卓
開羅
5M
羅馬尼亞
保加利亞
希臘
地中海
德國 12.2M
法蘭克福
義大利 5.9M
的黎波里
蘭佩杜薩島
阿爾及爾
馬賽
巴黎
法國 7.9M
英國 8.8M
倫敦
西班牙 5.9M
馬德里
烏季達
申根區
大西洋

資料來源：國際移民組織（IOM）、歐洲國際邊界管理署（FRONTEX）

根據某些移民潮專家的看法，在全球化時刻，關閉邊界是無效的措施，而限制自由流動則將有助於難民折返。大多數政治領導人，在面對西方輿論（包括先前歡迎移民的國家）中占多數的排斥現象時，在政治上均認為難以為此立場加以辯護。當然，在根本上我們是可以為了經濟發展與解決衝突（不確定短期內能否達成）的目標，而更完善地解決此一問題。

摘要 •

以往由北向南的移民潮，往後則轉向以南向北與南向南為主。移民比例較一世紀前低，但卻招致了更多的緊張關係。

Chapter 3

15 個主要的
衝突與危機

1 烏克蘭與俄羅斯

　　蘇聯於 1991 年解體時，一向對蘇聯保有國家認同的烏克蘭就此獨立。烏克蘭是典型的「torn country」(即分化的國家，如橫跨拉丁美洲與美國的墨西哥、橫跨歐亞的土耳其)，在俄羅斯與歐洲的影響之間擺盪。烏克蘭是親俄羅斯的國家，但其西部則是將眼神投向歐洲。不過歐洲掛慮本身東擴(或統一)問題，幾乎未予以關愛。因此烏克蘭與俄羅斯在經濟與外交方面維持親密的關係。

　　2004 年發生了顏色革命(喬治亞是粉紅色革命，烏克蘭是橘色革命)。親俄羅斯的前領導人，被斷定為不太民主且十分貪腐因此遭到撤換。在基輔，親西方的維克多・尤申科(Viktor Iouchtchenko)力抗親俄羅斯的維克多・亞努科維奇(Viktor Ianoukovytch)獲得勝選。一些非政府組織，尤其是來自美國的單位，均以推廣民主的名義予以援助，然而莫斯科卻聲稱此為

非法入侵。

不過改革、經濟發展以及反貪腐的希望卻迅速落空。亞努科維奇於 2010 年重拾政權。他利用司法對付其政治上的反對者，貪腐程度達到前所未有的高峰，經濟上則陷入蕭條。他在人民的支持下，與歐盟展開夥伴協議的協商，人民燃起希望，樂見烏克蘭採取歐盟準則，且期盼民主與良好治理的到來。莫斯科方面擔憂失去其影響力（烏克蘭與歐洲聯盟聯合協議使得與俄羅斯交流的希望渺茫），遂提供更優惠的措施，促使亞努科維奇中止了與歐洲的協商。這就是在基輔一處大型廣場發起大規模抗爭的開端，此處亦是引爆衝突的地點。德國、法國及波蘭聯合居中斡旋，使執政黨與反對派達成協議，不過最激進的反對者拒絕此一協調，導致亞努科維奇於 2014 年 2 月 22 日逃亡並遭到革職。對莫斯科抱持敵意的新政府成立，並企圖取消俄羅斯語為國語的地位。親俄羅斯與反俄羅斯勢力產生激烈摩擦。普丁則聲明烏克蘭政變違憲，不承認新的執政當局。

同年三月，克里米亞（以俄裔人口為主，半島上

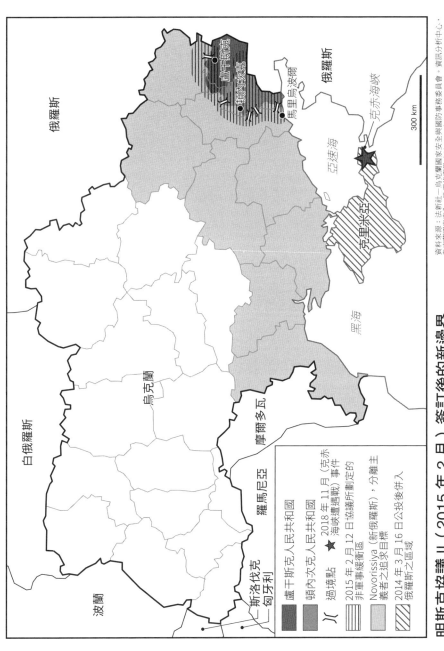

明斯克協議 II（2015 年 2 月）簽訂後的新邊界

資料來源：法新社—烏克蘭國家安全與國防事務委員會。資訊分析中心。
烏克蘭國家安全（新俄羅斯）：歐雷格齊馬（Olegzima）。

圖例

- 盧干斯克人民共和國
- 頓內次克人民共和國
- 過境點
- ★ 2018 年 11 月（克赤海峽遭過戰）事件
- 2015 年 2 月 12 日協議所畫定的非軍事緩衝區
- Novorissiya（新俄羅斯），分離主義者之追求目標
- 2014 年 3 月 16 日公投後併入俄羅斯之區域

俄羅斯

白俄羅斯

波蘭

斯洛伐克
匈牙利

羅馬尼亞

摩爾多瓦

烏克蘭

俄羅斯

盧干斯克
頓內次克
馬里烏波爾

亞速海

克赤海峽

克里米亞

黑海

300 km

的塞凡堡〔Sevastopol〕為俄羅斯海軍基地，對俄羅斯艦隊具戰略性與重要性，由赫魯雪夫〔Khrouchtchev〕於 1955 年劃歸烏克蘭，當時由於此地區位於蘇聯內部，邊界並不具任何意義）宣布自烏克蘭獨立，後併入俄羅斯。

西方國家認為這是自 1945 年來第一次以蠻橫粗暴的方式改變國界，於是對俄羅斯實施制裁。俄羅斯則聲稱這不過是尊重人民自決權。而在科索沃戰爭期間，情況正好相反，西方國家捍衛科索沃的人民自決權，而俄羅斯則為南斯拉夫的領土合併加以辯護。烏克蘭的局勢很快便轉趨惡化，而某些人甚至議論此為冷戰再起。東烏克蘭在俄羅斯的協助下，形成了許多飛地。該區的人民憂慮自己的權利被基輔方面剝奪，基輔方面則拒絕與其認定為恐怖分子的對象談判。裝備不良的烏克蘭軍隊與民兵部隊交戰，造成 6,000 人死亡，其中包括許多百姓。

俄羅斯取得克里米亞，卻失去烏克蘭，因為烏克蘭所產生的威脅感強化了全國對俄羅斯的敵意。東烏克蘭獨立地區頓巴斯（Donbass）是沒人要的燙手山芋。

俄羅斯建造了一座連結克里米亞至俄羅斯領土的橋，並宣示亞速海的主權。衝突正轉變為一場低強度的「凍結衝突」。2014 年，波洛申科（Porochenko）當選烏克蘭總統。他於當年 6 月在諾曼地登陸七十周年的場合中會見俄羅斯普丁總統、法國歐蘭德總統及德國梅克爾總理。這幾位首領促使普丁與波洛申科於 2015 年 2 月在明斯克（Minsk）簽訂停火協議，雖未能平息衝突，卻降低了緊張局勢。然而零星的戰鬥仍持續發生。

　　美國、北約組織、波羅的海三國及波蘭，擔心俄羅斯持續對西方施壓。其他歐洲國家也都認為以外交手段解決問題有其必要。西方國家所實施的經濟制裁雖然弱化俄羅斯，卻也對歐洲國家帶來負面結果，且對美國而言，也不具重大成效。相較之下，普丁在國內的支持度上升，且併吞克里米亞增強了俄羅斯的愛國主義。川普於 2016 年的總統競選活動中，表明將讓制裁告一段落。然而他當選總統後，受制於身邊軍方壓力，仍繼續維持制裁的手段。

　　烏克蘭危機尤其驗證了一件事，即歐巴馬總統在任期內，儘管有意在與俄羅斯的關係上按下「重新啟

俄羅斯、烏克蘭及波蘭國內生產毛額（＄／人）變化

	1990	2000	2012	2017
波蘭	1694	4454	12710	12494
烏克蘭	1570	636	3867	2005
俄羅斯	3485	1775	14037	9202

動」的按鍵，但莫斯科與華盛頓的關係卻依舊複雜。華盛頓視俄羅斯為歷來東西方對峙中的重大威脅，但同時也視其為冷戰中得以宰制的戰敗國。莫斯科則認為美國的目的，乃是阻止其重返首強之列。

川普曾聲明有意與俄羅斯拉近關係，但由於國會與五角大廈對俄羅斯抱持著敵意，只得延續前任總統的政策。

摘要 •

普丁無法完全控制頓巴斯的獨立分子，但強烈施壓後尚能迫使其繳械。然而基輔方面必須提出實質的去中央集權，並承認少數族裔權利的政策，這兩項乃是現實中所欠缺的措施。烏克蘭深陷經濟危機之中，且整個國家一直都是由寡頭政治的強人所掌控。除了俄羅斯虎視眈眈外，烏克蘭人民更是歷任領導者治理下受害的一方，自該國獨立以降，首領們的心思都放在建立個人財富，而非國家的發展。俄羅斯則是善加運用此一狀況從中得利。
烏克蘭與俄羅斯間的腕力較量，轉變為莫斯科與西方國家間的國際危機。俄羅斯併吞克里米亞後，因為烏克蘭國內的反俄情緒大大升溫，導致失去了烏克蘭。

2　伊斯蘭國

　　「伊斯蘭國」（Islamic State of Iraq and the Levant）組織由阿布‧貝克爾‧巴格達迪（Abu Bakr al-Baghdadi）所領導。巴格達迪於 2014 年 6 月 29 日宣布，在他控制約 20 萬平方公里的領土上，重建哈里發國（Caliphate）。

　　因該恐怖組織建國的因素，使得原先依據賽克斯—皮科協定（Sykes-Picot Agreement）來劃分的各國疆界，出現模糊不清的爭議，從而破壞這個遭批判為殖民遺毒的協定。過去恐怖主義並不是藉由領土來操作，在這之後出現重大變化。伊斯蘭國採取了國家型態的模式，並且劃出了可隨時變動的疆界。

　　伊斯蘭國的組織正式成立於二〇〇六年，由數個在地部落、蓋達組織（Al-Qaeda）附隨團體，與海珊（Saddam Hussein）政權前官員為首的幾個伊斯蘭團體共同結盟而成。這組織出現的成因，包括了原本以為可以中止伊斯蘭恐怖主義的二〇〇三年伊拉克戰爭；

美軍駐伊最高行政長官保羅・布雷默（Paul Bremer）的「去巴斯黨化」政策，該政策將所有海珊所屬的巴斯黨（Ba'ath Party，即阿拉伯復興社會黨）的黨員或親近人士，從公務體系中全部遣散（不論他們實際參與黨務的程度多寡），因而摧毀了伊拉克的國家根基；還有巴格達什葉派（chiite）執政當局的偏執行為，尤其是馬里奇（Maliki）總理，他忽視居於少數的遜尼派（占人口的 17%），使得遜尼派人民轉而投靠承諾提供他們保護的伊斯蘭國。

在敘利亞，隸屬於阿拉維派（Alawites，什葉派分支）的巴沙爾・阿薩德（Basharal-Assad）政權，則是排斥占該國多數的遜尼派人士。當境內的革命於 2011 年風起雲湧之際，阿薩德卻強力鎮壓。因他而執行的多場屠殺，促使一部分與聖戰主義（Jihadism）組織有關連的反對派激進化。

伊拉克與敘利亞情況相同，這些組織一開始由波斯灣的富有家族支持，名義上是為了團結遜尼派，並且推翻巴格達什葉派政權，尤其是要將推翻敘利亞阿薩德主宰之什葉派政權作為目標。亦抱持同樣目的的

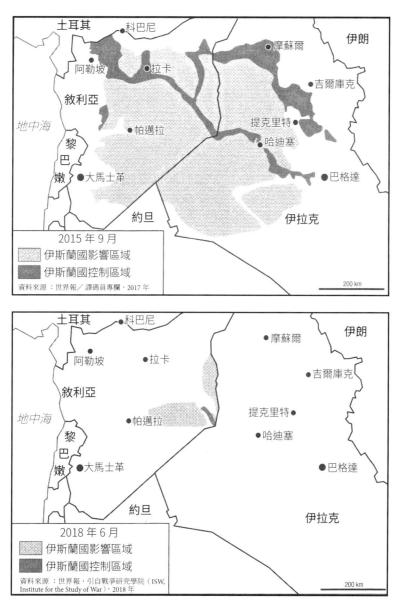

地圖內文字：

上圖（2015 年 9 月）

土耳其　科巴尼　摩蘇爾　伊朗
阿勒坡　拉卡　吉爾庫克
敘利亞
地中海　帕邁拉　提克里特
黎巴嫩　哈迪塞
大馬士革　巴格達
約旦　伊拉克

2015 年 9 月
伊斯蘭國影響區域
伊斯蘭國控制區域
資料來源：世界報／譯碼員專欄，2017 年
200 km

下圖（2018 年 6 月）

土耳其　科巴尼　摩蘇爾　伊朗
阿勒坡　拉卡　吉爾庫克
敘利亞
地中海　帕邁拉　提克里特
黎巴嫩　哈迪塞
大馬士革　巴格達
約旦　伊拉克

2018 年 6 月
伊斯蘭國影響區域
伊斯蘭國控制區域
資料來源：世界報，引自戰爭研究學院（ISW,
Institute for the Study of War），2018 年
200 km

2015 年 9 月至 2018 年 6 月期間，伊斯蘭國領土演變圖

土耳其，起初並未大力阻止志願者加入敘利亞境內的伊斯蘭國組織。而當初伊斯蘭國的建國宣言，其實就帶有警示意味，因為波斯灣國家正是伊斯蘭國組織鎖定的目標。

伊拉克北部的摩蘇爾（Mosul）於 2014 年六月陷落，使伊斯蘭國得以染指伊拉克中央銀行的 4 億 5 千萬美金。該組織利用石油的販售來籌措財源，並在遜尼派的土地上獲得超越基本教義派人士的支持。當人民不再對巴格達有所期待時，伊斯蘭國利用壓制各個派別，以及最低限度的公眾服務等手段，重新建立了秩序，此舉獲得部分遜尼派民眾最初的支持。

不過伊斯蘭國恐怖鎮壓了非遜尼派的少數族群（庫德族、基督徒、什葉派人士及亞茲迪教徒〔Yazidis〕）或是不願合作的遜尼派人士，且對於實施大規模屠殺並不帶有絲毫的猶豫。伊斯蘭國組織也將西方人質斬首示眾，且不單單抨擊西方的意見，還批評穆斯林的看法，同時也把考古遺址及文化資產當作攻擊的目標。

伊斯蘭國仰賴難以融入西方社會的穆斯林，這些穆斯林被認為是教化與招募的理想對象。該組織期望能在控制的領土內，吸引來自西方或阿拉伯國家的新

血，並感召在國外的恐怖分子。這不僅對西方國家，也對一些因為與西方有所連結而被認定是叛徒的穆斯林國家，造成重大的安全性挑戰。伊斯蘭國主導許多屠殺及處決行動，他們亟欲讓這些令人無法容忍的畫面，引發西方人對穆斯林人士的憤慨，繼而導致部分穆斯林人士的激進化。伊斯蘭國的另一個特徵，是他們懂得運用大眾傳播的手法。他們準確判斷出西方體制會擴散這些訊息的弱點，而擴散這些訊息，正是恐怖組織想要的方式。

在敘利亞與伊拉克兩國以外的其他聖戰團體，由於也抱持類似的意識形態，加上他們指望一夕爆紅，加以惡名昭彰的伊斯蘭國能為本身的行動增加能見度，所以都一致擁戴伊斯蘭國。

伊斯蘭國主張對西方國家、俄羅斯及土耳其加強攻擊，並威脅波斯灣國家。此舉引發國際間的互相結盟情勢，促進其彼此間的合作。

伊斯蘭國至今已喪失其主要的領土，包括 2017 年 10 月所失去的拉卡市在內。但它仍具備某種組織攻擊的能力。

摘要 •

伊斯蘭國所代表的，是藉由實質掌控領土所形成的變態恐怖主義。它針對非遜尼派及反對派的少數族群施加駭人的壓迫。伊斯蘭國可說是 **2003** 年伊拉克戰爭及巴沙爾·阿薩德在敘利亞進行鎮壓後的產物。

3 以色列與巴勒斯坦

　　以巴衝突持續發生在一個面積有限的地表上，被認為是屬於低強度的軍事衝突，不過卻具有十足的戰略重要性。英國貝爾福伯爵（Arthur Balfour）於1917年談論到巴勒斯坦時，錯誤地表示這是把「一塊沒有人民的土地，提供給一批沒有土地的人民」。亦即當時猶太人實際上仍未擁有自己的國家，而屬於鄂圖曼土耳其帝國的巴勒斯坦，卻也同樣杳無人煙。他以「這是對於領土控制的競爭。」來為其本質下定義，而光是這個定義，便創造了未來以巴衝突的各項條件。

　　西奧多・赫茨爾（Theodor Herzl）1897年出版《猶太國》（The Jewish State）一書，宣稱為猶太人建國，意在保護猶太人免遭反猶太人士迫害。意圖實踐此一計畫的貝爾福伯爵，有意獲得抗德戰爭中猶太社群的支持。但是這項承諾卻與另一項承諾相違背，亦即阿拉伯人若加入英國行列對抗鄂圖曼土耳其帝國，將得以

以阿衝突：六日戰爭與贖罪日（Kippour）戰爭

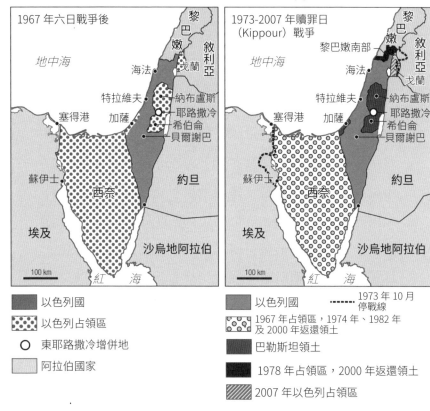

1967 年六日戰爭後

地中海

黎巴嫩

敘利亞

海法

戈蘭

特拉維夫

納布盧斯

塞得港

加薩

耶路撒冷

希伯侖

貝爾謝巴

蘇伊士

西奈

約旦

埃及

沙烏地阿拉伯

100 km

紅 海

1973-2007 年贖罪日
（Kippour）戰爭

地中海

黎巴嫩南部

黎巴嫩

敘利亞

海法

戈蘭

特拉維夫

納布盧斯

塞得港

加薩

耶路撒冷

希伯侖

貝爾謝巴

蘇伊士

西奈

約旦

埃及

沙烏地阿拉伯

100 km

紅 海

以色列國

以色列占領區

東耶路撒冷增併地

阿拉伯國家

以色列國

1967 年占領區，1974 年、1982 年
及 2000 年返還領土

巴勒斯坦領土

1978 年占領區，2000 年返還領土

2007 年以色列占領區

1973 年 10 月
停戰線

獲得獨立。

　　第一次世界大戰結束，巴勒斯坦由英國託管。當時猶太人口占了10％。猶太建國計畫的吸引力與反猶太迫害在歐洲造成大量的移民。在第二次世界大戰爆發之際，猶太人已經占了巴勒斯坦人口的30％。人口數量上的遽增及伴隨而來的購地情形，使原本和諧居住於此地的各社群之間，產生了緊張關係。

　　聯合國設想出一個分享巴勒斯坦的計畫，如此既能一邊建立一個阿拉伯國度，另一邊也能建立一個猶太國度。但是阿拉伯人感覺受騙，且評估他們將付出一場代價，會讓自己在歐洲被歐洲人種族滅絕，於是拒絕了猶太建國的原則。接著爆發第一次以阿戰爭，由希伯來國度贏得這場戰爭，猶太人口於是在這塊前巴勒斯坦託管地日益壯大，所占人口由55％上升至78％。許多巴勒斯坦人流亡或從自己的村落被驅趕而成為難民。

　　東耶路撒冷與約旦河西岸則被控制加薩走廊的約旦與埃及占領。1956年，以色列聯合英國與法國展開對埃及的軍事行動，當時埃及才將蘇伊士運河劃歸國

有。埃及獲得蘇聯援助，迫使這三國自運河撤軍。藉由一場奇襲式的「預防性戰爭」（六日戰爭），以色列摧毀敘利亞與埃及的軍隊，並取得對埃及西奈半島、敘利亞戈蘭高地、東耶路撒冷、約旦河西岸及加薩走廊的控制。1978 年，在美國斡旋下，藉由簽訂《大衛營和約》（*Camp David Accords*），迎來了以埃間的和平，西奈半島得以歸還給埃及。

但是以色列增併的敘利亞戈蘭高地以及巴勒斯坦領土，則未受到包括美國盟友在內的國際社會所承認。

1960 年代，巴勒斯坦境內發起一場全國性的運動，拒絕承認以色列。1973 年，埃及與敘利亞對以色列發動了新的戰爭，最終以維持現狀作結。到了 1980 年代末，巴勒斯坦接受以色列存在的論述，並加入「以領土換取和平」的觀點。這意味巴勒斯坦建國，並非建立在 1948 年分享計畫所預期的輪廓上，而是建立在第一次以巴戰爭結束之際誰占上風的態勢上，亦即由以色列於 1967 年攻占許多領土的事實作為其建國的基礎。

1980 年代末，有三個事件將會改變之後的衝突樣貌。一、為對抗以色列占領，一場被稱為「大起義」

（Intifada）的人民革命於巴勒斯坦爆發。這場革命並非靠外部的軍事手段來進行，反而是以人民的抗爭取而代之。二、蘇聯的解體，讓百萬名蘇維埃猶太人移民至以色列，而整個以色列占領區提供了猶太人地理上的優勢。三、波斯灣戰爭顯示出巴勒斯坦議題在整個阿拉伯意見中具有重要性，對美國而言，若他們不想要被當地各族群排擠，著手解決該問題就變得具有急迫性。

1993 年簽署的《奧斯陸協議》（*Oslo Accords*），內容包括巴勒斯坦人承認以色列，及以色列人逐步撤退以利巴勒斯坦建國。然而簽署該協議的以色列總理伊扎克・拉賓（Yitzhak Rabin）遭猶太極端分子刺殺。後續協商過程中，以色列在巴勒斯坦拓展領土，以及哈馬斯（Hamas，該組織拒絕承認以色列）巴勒斯坦激進分子的恐怖攻擊，這些都在和平進程中造成信任的瓦解。一向反對和平進程的艾里爾・夏隆（Ariel Sharon）於 2001 年初掌管以色列，加上 2001 年 911 恐怖攻擊後，西方世界與穆斯林世界劍拔弩張的氣氛，亦導致希望破滅與暴力加劇。

矛盾的是，各方對未來協議的各項輪廓倒是形成了共識：巴勒斯坦要在以色列於 1967 年占領的領土上建國；以色列將獲得所有阿拉伯國家承認；耶路撒冷分別被指定為以色列國與巴勒斯坦國的首都；在獲得土地補償與雙方合意的前提下，以占領為考量，進行可能的土地交換；有關巴勒斯坦難民回歸的協議，雖然預設了帶有偏見的政治認可，但不適用於全員回歸（使國內猶太人仍占多數）。

　　巴勒斯坦人無論政治或地理，都被分隔在約旦河西岸（由法塔赫〔Fatah〕控制）與加薩走廊（由哈馬斯控制）兩地。加薩遭以色列與埃及合力封鎖。2014年 7 月，哈馬斯向以色列南部發射火箭後，以色列以大規模轟炸回應，造成巴勒斯坦方約 2,000 人罹難。2018 年，巴勒斯坦人組織示威抗議，抗議活動朝著以色列邊界前進。以色列開槍反擊，造成 220 人死亡及眾多人員受傷。

　　一向反對《奧斯陸協議》的班傑明・納坦雅胡（Benjamin Nctanyahu）於 2015 年再度勝選，他認為時間對他有利，單靠既定政策便足以行事。成為極少數

的以色列主和派，則認為此一立場並非長久之計。而以色列社會轉為右傾，拓殖主張者的政治分量逐漸坐大。納坦雅胡自 2015 年國會選舉後，便領導結合右派與極右派勢力的聯盟。

由於以阿衝突是潛在文明衝擊的中心源頭，故形成嚴峻的挑戰。此一衝突雖然受到地理的限制，而且致死程度有限（較世界上其他許多流血衝突的死亡人數少），不過卻具有重要的象徵性，主要是體現在戰略的層面。阿拉伯人與穆斯林，以及更廣大經過去殖民化的多數國家，都認為以色列必須要有西方國家（以美國為首）提供政治上、法律上、經濟上、戰略上的強力支持才有可能得以維持占領。對他們而言，這證明西方國家的雙重標準，一面主張民主與權利掌握在各民族自己手上，但是一牽涉到己方同盟國，便又揚棄同一主張。巴勒斯坦議題成為那些想要掌握反西方國家話語權者的象徵性理由。

即使以色列在世界上的形象直直落（歸因於「抵制、撤資、制裁」〔Boycott, Divestment and Sanctions, BDS 運動的成功〕），其外交卻獲得了強化：美國川普

總統無條件給予支持，甚至將其大使館遷移至耶路撒冷（巴西總統雅伊爾・波索納洛〔JairBolsonaro〕隨後宣布跟進）。特拉維夫也與俄羅斯、中國及印度維持良好關係。甚至沙烏地阿拉伯也因為偕同以色列對抗伊朗而轉而靠近以色列。至於歐洲方面則顯得使不上力，放任其發展。

摘要 •

以巴衝突有時候被界定為宗教或種族衝突，但事實上卻屬於傳統的領土衝突。多年來此一衝突，於潛在文明衝突的中心獲致根本的、戰略上的重要性。它是穆斯林世界與西方世界關係的焦點。

4 伊朗

　　伊朗被美國、阿拉伯鄰國和以色列視為威脅，反之亦是如此。

　　伊朗除了本國內部的政治問題外（政權的爭論），也遭遇三個地緣政治上的挑戰，此挑戰即是面對阿拉伯鄰國、以色列及美國三個不同類別的國家的敵對關係。伊朗對這三個地緣政治的體系而言是一個威脅。而伊朗也自認為分別受到這三種威脅，因為他們都希望德黑蘭能夠改朝換代。

　　即使伊朗及阿拉伯國家都屬於穆斯林體系，但雙方卻是戰略上的對手。伊朗承襲波斯王朝，是什葉派國家，而其他阿拉伯政權則是由遜尼派掌權。在沙阿（Shah，波斯語古代君主的頭銜）的統治下，伊朗採取親西方，甚至親以色列的政策。即使何梅尼（Khomeini）推翻沙阿，導致伊朗中斷與美國、以色列的結盟，這仍造成它與阿拉伯鄰國更顯著的對立，

因為這些阿拉伯鄰國害怕伊朗的革命會散播開來進入自己的國家。伊朗試圖動員大量居住在波斯灣的少數什葉派信徒，並譴責與美國結盟的阿拉伯政權。伊拉克隨後投入對伊朗的長期戰爭（1980-1988）並占領由沙阿於 1975 年所吞併的阿拉伯河（Shatt al-Arab），作為對抗波斯威脅（即什葉派與伊朗革命）的阿拉伯防線。

過去在沙阿的統治之下，美國意圖讓伊朗成為波斯灣地區的警長。1979 年的革命，駐德黑蘭美國大使館的外交官員被挾為人質，導致兩國間外交、經濟及商業關係的全面性中斷。

美國被伊朗政權稱為「大撒旦」。而小布希（George Bush）則於 2002 年一月的演說中，將伊朗、朝鮮及伊拉克並列為「邪惡軸心」國家，此事成為伊拉克戰爭的前兆。德黑蘭表示伊朗的核子計畫用於民生目的，但西方國家卻懷疑其為軍事用途，因而歐洲與美國對德黑蘭實施制裁。對西方國家而言，德黑蘭的核子計畫形成三項挑戰：一、將引發對一般核不擴散制度的質疑；二、這對其權威與國際信用帶來挑戰；三、是對其

以色列盟友帶來危害的焦慮來源。

　　針對伊拉克大規模殺傷性武器計畫所發動的伊拉克戰爭以失敗收場，令美國聲明放棄（不過是暫時性的）對伊朗的軍事選項。伊朗彈道飛彈的威脅，使北約組織於 2010 年十月決議部署反飛彈防禦系統擁有了正當性。此舉等同隱約承認伊朗可能配備核武（雖然直到當時都是假設狀態，但就算是假設也令人無法接受），因而對伊朗的威攝並不適用。然而，考慮到武力的不相稱，萬一伊朗進犯，西方國家揚言對其進行報復，有可能足以嚇阻其使用彈道飛彈攻擊歐洲領土。北約組織國的軍事預算合計 1 兆美元，伊朗只有 150億。

　　以色列與伊朗的同盟關係於 1979 年破裂。伊朗作為希伯來國度最堅決的死對頭，儘管存在著文化與宗教上的差異，仍試圖擴大其在阿拉伯觀點中的聲量，其中一部分在於責備阿拉伯領導者對美國與以色列太過親切有禮。根據非正式的評估，以色列具備 80 顆核子彈頭的核武能力，實際戰略上不受伊朗攻擊的威脅。伊朗總統阿赫瑪迪內賈德（Ahmadinejad）曾揚言要讓

以色列從地圖上消失，希伯來國度便據此來佐證其意圖擁有核子武器。但即使伊朗擁有核子武器，以色列依然能輕易嚇阻德黑蘭對其領土的全面攻擊威脅。反倒是伊朗連一枚飛彈都還沒落在以色列領土，伊朗就會先從地圖上消失。以色列所不能接受的，是和一個非毗鄰對手維持區域戰略平衡的觀點。事實上，伊朗潛在的軍事核武計畫，目標是庇護整個國家，對抗外來威脅。

不過這些經濟制裁已將伊朗弱化。人民則對此專制政權感到厭煩。2013 年六月，溫和派哈桑・羅哈尼（Hassan Rohani）獲選為總統，申明其開放的意向。2015 年七月，P5+1（美國、中國、俄羅斯、英國、法國及德國）的外長及伊朗總統共同簽署一項協議，旨在安排伊朗核子計畫的非軍事用途化，以換取逐步放寬制裁。軍事的解決方案則予以擱置。此舉為伊朗與西方國家關係正常化帶來希望。

然而從此之後，便轉由深恐伊朗勢力擴大的波斯灣遜尼派國家（尤以沙烏地阿拉伯與阿拉伯聯合大公國為首）來對伊拉克、黎巴嫩、葉門及敘利亞巴沙爾・

阿薩德（Bachar Al-Assad）最後的支持者之一施加影響力。他們對於 2015 年在維也納簽署伊朗核子協議的巴拉克・歐巴馬（Barack Obama），因對伊朗表達「善意」而加以譴責。之後他們對於川普（Donald Trump）獲選為總統感到安心，因為川普反對伊朗，譴責伊朗毫不猶豫。藉由與伊朗為敵，美國、以色列、沙烏地阿拉伯的三國軸心遂於一年之後形成。至於歐洲、中國、俄羅斯則是對伊朗核子協議表示滿意，評估此為最佳的可能方案，避免了伊朗擁有核武，以及為阻止伊朗擁有核武而爆發戰爭這雙重悲劇的上演。然而川普打從心底敵視伊朗，他不僅要廢止核子協議，還希望能對與德黑蘭持續商業往來的國家實施制裁。他的目的是要封鎖伊朗的經濟，好讓憤怒的人民推翻政府。不過這個風險卻可能導致強硬派重掌德黑蘭，廢除核子協議。

摘要 ●

伊朗曾與美國、西方國家和以色列結盟，但經過何梅尼發起的革命之後，反而與這些國家發展出敵對關係。周遭的鄰國受到伊朗革命的驚嚇，對其革命向外輸出感到恐懼。所有國家均對其核子計畫感到憂慮，雖然德黑蘭方面表示其為民生用途，但其他國家卻評估此計畫帶有軍事目的。

5 阿富汗

自 1979 年十二月蘇聯軍隊入侵以來，阿富汗便處於戰爭狀態。

十九世紀時，阿富汗便處於「大博弈」（大英帝國與俄羅斯帝國爭奪中亞控制權）的中心，對抗來自俄羅斯與英國的勢力。之後阿富汗遭遇重大的挫敗，成為英國的半個受保護國。1893 年杜蘭線（Durand Line）劃定了巴基斯坦與阿富汗的邊界，使阿富汗失去了一部分領土，這塊領土於今日成為「巴基斯坦聯邦直轄部落地區」。

阿富汗人口估計有 3,400 萬人，其中有 2,000 萬為普什圖人（Pashtuns, 59％）。而該族群也占巴基斯坦總人口的 13％。

在冷戰期間，阿富汗人奉行不結盟政策。自 1978 年政變之後，共產黨內兩個派系便彼此傾軋爭權，蘇聯為了終止雙方衝突，遂於 1979 年介入干預。為了避免

共產政權被推翻所發動的這場戰爭，日後卻讓蘇聯陷入了泥淖之中。蘇聯在第三世界，特別是穆斯林世界裡，被視為對抗美國資本主義的自然盟邦，但在經過這場戰爭後聲望減弱。阿富汗的聖戰者（Mujahideen）被認為是自由的捍衛者，美國無論對激進派或溫和派，均一視同仁地提供援助。前美國國家安全顧問布里辛斯基（Brzezinski）後來表示，由歷史看來，支持激進伊斯蘭主義者對比於蘇聯帝國的瓦解，所花的代價相對較小。1988 年，戈巴契夫意識到這場戰爭無法獲勝，且將弱化蘇聯，遂讓軍隊撤出阿富汗。即便如此，和平並未隨之降臨，而是在不同軍閥衝突的鬥爭中被撕裂，於是阿富汗成為一個「失敗國家」。

塔利班是奉行激進伊斯蘭的普什圖人，於 1996 年掌權。大部分的人民寧願接受嚴苛與壓抑的秩序，也不要重現往昔的無政府與不安狀態。而巴基斯坦援助塔利班，係因巴基斯坦唯恐阿富汗落入印度的影響圈。馬蘇德（Massoud）將軍率領由非普什圖人所結合而成的北方聯盟（Northern Alliance），對抗塔利班。但馬蘇德於 2001 年 9 月 9 日遭刺殺身亡。阿富汗是蓋達

組織（Al-Qaeda）的大本營。2001 年 9 月 11 日攻擊事件之後，塔利班拒絕將賓拉登（ben Laden）交給美國。美國遂展開軍事行動打擊塔利班作為回應。親西方的普什圖人哈米德‧卡爾扎伊（Hamid Karzai）取得政權。經聯合國安理會授權，自 2001 年 12 月 20 日起於當地建置一支國際部隊，以協助維安。

　　卡爾扎伊的號令無法施展於全國，很快遭指控其施政無效率且貪腐。他所依賴的對象，是犯下許多勒索罪行且侵占大部分國際援助的軍閥。阿富汗一直處於未開發且不安全的狀態。由於美國自 2002 年底起，稍稍放棄了阿富汗，以專注於伊拉克事務，使得塔利班未能被斬草除根，讓塔利班逐漸重拾其合法性。北約組織則以軍事干預，並在離最初劃定的安全區還很遠的地方再度（繼科索沃之後）開戰。此舉更深層的理由在於，在阿富汗境內的反恐戰爭，得以使北約組織成員國的國土安全獲得保障。不過北約部隊人數不敵過往的蘇聯軍隊，因而未能獲得全面的勝利。隨後這些解放者被視為占領者。塔利班在抵抗外來軍事力量這點上，重獲民心。

2011 年，北約部隊展開將維安任務轉移至本國軍隊的程序，預計於 2014 年完成。自 2015 年 1 月起，北約組織帶領一項新任務：「堅定支援任務」（Resolute Support Mission）。超過 16,000 名來自四十個國家的軍人參與其中。而自成立日算起，計有 25,000 多名阿富汗軍警遭塔利班殺害。2015 年，普什圖人阿什拉夫·甘尼（Ashraf Ghani）於總統大選中獲勝，並與大選第二輪對決中落敗的阿卜杜拉·阿卜杜拉（Abdullah Abdullah）共同掌權。然而和平並未因此降臨。

美國總統川普雖然主張自阿富汗撤軍，但他卻決定於 2017 年 8 月派遣數以千計的增援美軍，來面對擴張地盤的塔利班。阿富汗戰爭自此成為美國所發動的戰爭中耗時最長的戰爭。2018 年，阿富汗軍僅控制 55.5％的領土，為三年來最低的比例（引自「阿富汗重建特別督察」〔SIGAR, SpecialInspector for Afghanistan Reconstruction〕）。超過 2,400 名美軍命喪阿富汗。

阿富汗衝突顯示出，即便是具有科技優勢的外國部隊，在占領一個國家時依舊困難重重。但科技卻也能輕易讓他們打勝仗，塔利班首領曼蘇爾穆拉（mollah

Mansour）便於 2016 年時遭美國無人機刺殺身亡。但長期而言，科技並無法保證能獲得民心。征服一片領土要比征服其人民容易許多。而針對政府武力或外來者（平民或軍事）所進行的恐怖攻擊，已經成為常態。

之後，莫斯科與華盛頓均試圖與塔利班祕密接觸。

摘要　●

曾於 1979 年入侵阿富汗的蘇聯，在一場消耗戰中落敗。他們的撤離帶給阿富汗的並非和平，而是混亂的深淵。塔利班雖然帶來秩序，卻也提供蓋達組織一個溫床，於 2001 年在其境內策畫 911 恐怖攻擊。美國與北約組織自 2001 年末投入戰爭，卻未曾打過勝仗。

6 印度與巴基斯坦

　　自印度與巴基斯坦從前英屬印度獨立成兩國以來，便存在著領土與意識形態的爭議。

　　1947 年印度與巴基斯坦獨立之後，印度和巴基斯坦就為了喀什米爾展開三場戰爭（1947, 1965, 1971）。從此兩國便成為核子強權。然而核威攝並未能阻止許多小規模的戰鬥及恐怖攻擊。

　　對兩個個別國家而言，將喀什米爾併入領土內源自於建立自己的民族國家的想法。新德里方面本身承襲「印度自治領」中多元的文化、種族及世俗化特性，穆斯林在此地因而擁有生存的空間。對巴基斯坦而言，由於本身就是英屬印度為了集中穆斯林所建立的國家，穆斯林的人口特性，是決定性的評斷標準。而喀什米爾大多數為穆斯林人口，邏輯上應該併入巴基斯坦。

　　印度獨立時，喀什米爾的印度教摩訶羅闍（Maharaja）加入印度麾下。巴基斯坦隨即於 1947 年時捲入戰

爭，這場戰爭形成一個介於印度與巴基斯坦管轄地之間的共享區域，由稱為「實際控制線」的一條停火線所分隔。

起初主要是巴基斯坦鼓吹反對印軍進駐喀什米爾，此後就成為該區內部的基本訴求。人民厭倦印度的占領且期盼更廣大的經濟發展。一開始的反印度派都有武裝，於是恐怖攻擊和軍事鎮壓便不斷循環。目前有一股廣受支持的反對勢力讓新德里方面感到芒刺在背。印度不願將衝突搬上國際檯面，同時也拒絕民族自決的方案。印度雖認為運用軍事武力對本身有益，但來自國際社會的審視權只會不利於印度，同時印度也意識到喀什米爾的民族自決會讓自己被掃出門外。此外，印度對喀什米爾的軍事占領，及其對這場衝突的態度最終會在國際社會上自毀形象。何況這與印度所倡議的民主原則相牴觸。綜而言之，印度最終接受了喀什米爾有限度的自治。

美國有意化解這個問題，使巴基斯坦能專注於反恐的奮戰，並在解決阿富汗問題上得以完全參與。無論如何，此舉得使美國與巴基斯坦在結盟關係上重修

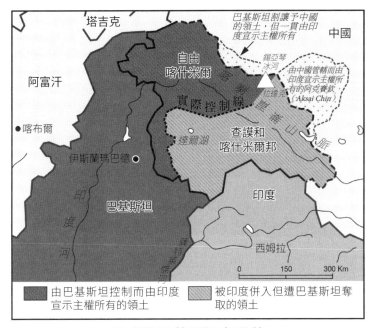

印度與巴基斯坦之現狀

舊好，且與印度在戰略上更為友好。

若喀什米爾人能民族自決，他們可能會選擇獨立，而非併入印度或巴基斯坦。

不過維持現狀似乎是當前可預期的結果。無論印度或巴基斯坦都不準備接受將來最終的領土讓步。儘管莫迪（Modi）於 2015 年 12 月歷史性地（且意外地）拜訪巴基斯坦總理夏立夫（Sharif），喀什米爾仍於 2016 年

的夏天再度爆發多起暴亂。無論新德里方與伊斯蘭瑪巴德兩方面接任的領導人是誰，印度與巴基斯坦的關係仍會反覆在危機與嘗試和解（過程通常短暫）之間擺盪。

目前喀什米爾是世界上最軍事化的地區之一。

摘要 ●

自印度與巴基斯坦於 1947 年獨立以來，雙方便在喀什米爾問題上交鋒，這個地區大部分由印度占領，但居民卻大多是穆斯林。印度的占領自此之後即遭喀什米爾人的質疑，最終將會使印度維持著占領者的形象。

7 　中國與台灣

　　中華人民共和國雖然不在台灣行使主權，卻還是認為這座島屬於自己內部的領土。

　　1949 年，毛澤東打敗蔣介石。中國共產黨在中國大陸建政，而中國國民黨則敗逃至台灣島，而在 1945 年之前，台灣是由日本所占領。共產黨和國民黨雙方都認為可以透過武力統一對方，並自認可以代表中國。儘管蔣介石落敗，卻仍在聯合國安全理事會中保有常任理事國的席位。台灣與美國戰略結盟，阻止了中國大陸征服這座島嶼。倖存的台灣，成為冷戰、「圍堵」政策及美國信用保證中的重要議題。共產專制與軍事專制互爭中國合法代表權。任何一個國家與其中一方建立外交關係，就不能與另一方維持外交關係。當共產中國因為陷入政治泥淖（「大躍進」、「無產階級文化大革命」）而使經濟停滯時，台灣多虧了與美國和日本的經濟連結，促成了強勁的經濟發展，並成為「亞

洲四小龍」之一。

之後，尼克森（Nixon）與季辛吉（Kissinger）均認為主要的威脅來自於蘇聯，且考量中蘇間的齟齬，遂與北京方面拉近距離，組成「聯合次要敵人，打擊主要敵人」的聯盟以對抗蘇聯。中華人民共和國眼看著在聯合國將取代台灣的席位。之後，美國承認了北京是唯一的中國代表，並與其建立外交關係，與台灣斷交。然而美國至今仍與台灣維持著戰略與防衛的聯盟關係。

台灣的經濟發展導致其國內的民主化。部分政治團體要求正式宣布獨立。不過大多數的台灣人拒絕獨立，認為此舉將激怒北京，形成開戰的藉口。於是台灣在維持現狀下運作，不再妄求代表全中國。不過此現狀是期望能一直維持到宣布獨立為止，一方面希望時間能站在台灣這邊，一方面逐漸強化事實上的獨立性。此乃目前台灣所能接受的態勢。

自 1980 年起，輪到中華人民共和國展現壯闊的經濟發展。北京方面仍是不斷聲稱它所代表的一個中國政策，認為台灣是叛離的一省，應當重回它的懷抱。

它的經濟發展與它的戰略價值掛勾，使全世界幾乎所有國家都與其建立外交關係，並與台灣斷交。然而兩國間的經貿往來早已發展，冷戰的語彙被擱置在一旁。北京方面此後對於台灣內部的政治辯論，特別是有關主張獨立人士的現況，以及其它國家與該島所維持的關係之性質，投入極大的關注。隨著香港與澳門陸續回歸，凸顯出台灣新的重要性。之後中國發展出「一國兩制」的概念，允許台灣在中華人民共和國政權中保留某種程度的自治，如同香港的運作模式。不過台灣人認定北京方面對香港祭出專制性的控制，並不認為這樣的自治是充分的，因而希望保持事實上的獨立及完全民主的制度。北京方面的持續性目標在於協商統一，但官方並不排除武力促統的可能性。台灣一向是美國的盟友。對華盛頓而言，國際信用是核心議題，若他們在台灣問題上讓步予以北京，則美國在亞太地區將不再是一個值得信賴的要角。

　　對北京而言，若能重新將台灣併入，將具有政治上極大的重要意義。這是國家的重大議題，代表中國再度回到大一統的局面。北京方面期盼能避免軍事衝

突，畢竟代價高昂，但是絕不能允許台灣獨立。2015年11月，中國主席習近平與台灣總統馬英九於新加坡會晤，這是1949年以來的第一次。不過當時民進黨總統候選人蔡英文，於2016年總統大選時高票當選。對中國不信任的民進黨，期望能限制對北京的依賴性。

外交上，承認台灣的國家數目一再減少，總數目前僅15個（2021年），其中包括梵諦岡，以及位在太平洋與拉丁美洲的些許小島國。中國拒絕維持與台灣邦交國的外交關係。如今，若不與北京建立外交關係，一切便愈顯困難重重。

摘要 •

中華人民共和國認為自1949年以後便自治的台灣島，為其領土不可分割的一部分，且全世界只有一個中國。長期以來，有別於中國經濟的停滯，這座小島的經濟表現十分活躍，因而彌補了島內人口上的弱勢。往後以人口多寡來論斷經濟表現已不再具有說服力。即使北京有意避免以武力統一，加深該區域的動盪，但仍舊堅決不承認台灣的獨立。

8 中國鄰近海域
的緊張局勢

　　中國展示自己權力的和平崛起，即使東南亞鄰國欲與中國發展互利的經貿關係，它們亦同樣對中國於海洋領域的聲索感到憂慮。最棘手的案例涉及中國與日本之間的關係，釣魚台（日本稱尖閣群島，中國稱為釣魚台列嶼）問題，使兩國在地緣政治與歷史上的競爭外，再添入一項領土的爭奪。

　　自二戰後，日本與中國未曾比照德國與法國，達成歷史的和解。兩國都同樣面臨蘇聯的威脅。中國於1949年成為共產國家，日本則與美國結盟。此外，中國人認為日本人（廣島原爆後，裕仁天皇仍繼續在位）對於戰爭中所犯下的罪行歉意不足。

　　中國身為核子強權，且是聯合國安理會的常任理事國，有能力主宰自己的前途，反觀人口較少，且在戰略上依賴美國的日本，已於1950年代至1990年代初

經歷了令人印象深刻的發展,而當時的中國才剛開始起步。但是到了 2011 年,中國的國內生產毛額已超越日本,而歷史及對歷史的詮釋一直使北京與東京雙方存在分歧。在此背景之下,對這些無人島嶼的爭奪(對經濟海域的劃分十分重要)有其重要性,兩國均得以藉此喚回其國內的民族主義者。

釣魚台(面積 7 平方公里)於 1971 年由美國讓與日本。2012 年,東京市買下該群島,以避免潛在的私人島主的狀況挑釁中國。但中國認為此一「國有化」剝奪其權利。2013 年,北京延伸其領空至群島範圍。美國為了支持日本,歐巴馬宣布美日安保條約涵蓋該群島……各方均展示備而不用的肌肉,但恐怕控制失當而擦槍走火,造成末日般的衝突,引發了世人擔憂。

中國的海洋爭議同樣擴及其他國家,包括越南(西沙群島)、菲律賓(黃岩島)、馬來西亞、印尼與汶萊(南沙群島),以及台灣。

北京方面認為南海為其國家利益所在。它將該海域的掌控視為其商業貿易與補給的保證:80% 的進口途經於此,且這片海域蘊藏天然氣與石油,也令它垂涎。

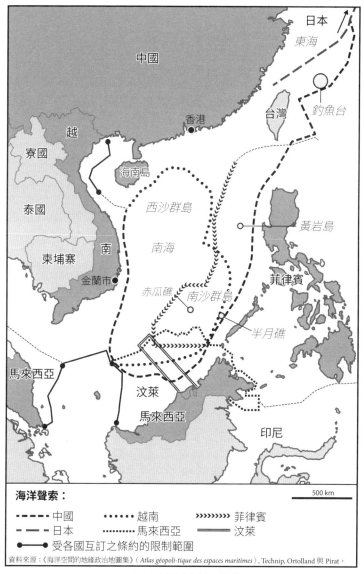

海洋聲索：		
━ ━ ━ 中國	⋯⋯ 越南	≫≫≫ 菲律賓
─ ─ 日本	⋯⋯⋯ 馬來西亞	══ 汶萊
●━━━● 受各國互訂之條約的限制範圍		

資料來源:《海洋空間的地緣政治地圖集》（*Atlas géopoli-tique des espaces maritimes*），Technip, Ortolland 與 Pirat。

極具爭議性的群礁

同時漁業資源也相當豐富。這裡也是中國核子動力潛艇的必經之處。中國利用單方面制定其海洋空間的界線，且在西沙群島附近建造人工島嶼，操作既成事實的政策，以擴張其影響力。

中國必須避免因為過於明顯的權力主張，而使亞洲鄰國感到恐懼。東南亞國家協會（ASEAN）成員國對此感到憂慮，於是更向美國靠攏，此舉被視為是面對中國野心時所加購的雙保險。它們害怕中美對抗，欲與雙方維持友好關係，對於中國具侵略性的權力高漲及迫使美國在該區域對此加以回應這兩件事同時產生疑慮。它們認為華盛頓能提供安全，而北京方面則能挹注良好的經濟。

位在海牙的常設仲裁法院（CPA）經菲律賓的馬尼拉方面提出仲裁後，於 2016 年 7 月 12 日否決北京對這片具戰略性海域各個要素的聲索，拒絕承認此判決的北京方面，為此感到氣憤難平。

摘要 •

中國與其他競爭國家之間（尤其是日本）的領土聲索持續增加，而南海成為眾多聲索的目標。

9 韓國

　　韓國的分裂是源於冷戰的產物，此分裂面臨可能隨時引爆的地緣政治情勢。

　　日本自 1895 年占領朝鮮，便施展許多強徵手段，直至 1945 年戰敗為止。之後蘇聯與美國介入劃定三十八度線。如同德國，一開始的劃分原本是暫時之計，之後卻演變成持續狀態。雙方各自建立一個納入掌控的政權。1950 年，北韓軍隊以為美國將坐視不管，逕自跨越三十八度線，戰爭旋即爆發。美國率領聯合國部隊（幸虧蘇聯臨時缺席安理會方得以成軍），與南韓並肩作戰。北韓的軍備由蘇聯支援，人員方面則由中國「志願軍」增援。這是冷戰期間最為血腥的一場衝突，最終以回到原點作結。戰後協商始於 1951 年 6 月，並於 1953 年 7 月 27 日簽署停戰協定。三十八度線不再是一條暫時的分界線，而是變成亞洲的一道鐵幕。

　　北韓成為一個由金日成所領導的共產政權。軍事

專制的南韓則藉由防禦條約維持與美國的關係。兩韓之間的聯繫遭到禁止。其後兩韓走向不同的演進道路。南韓得利於進入美國市場，且重視教育，經濟上得以發展，成為「亞洲四小龍」之一。閉關自守的北韓自1980年代起便呈現經濟的停滯。而經濟發展，對外開放及公民社會的浮現等因素，使南韓成為真正的民主國家。北韓維持共產政權，拒絕戈巴契夫式的改革重組（perestroïka）及如中國的經濟開放政策，依然維持史達林模式的本質，甚至發明世襲的共產主義模式。金日成死於1994年，由其子金正日掌權。而在前一年，在北韓的大量核武計畫遭到揭露。即使該國人民早臣服於自前朝以降的壓迫（這是世界上最後一個真正極權的國家）並忍受饑荒，且經濟幾乎潰敗，北韓卻成為具備彈道飛彈的核子強權。

1998年，前政治犯金大中當選南韓總統。他提出「陽光政策」，相當於促進兩德靠攏的「東方政策」（Ostpolitik）。他提議金援北韓，期待能使其作為趨向溫和。

北韓的態度則時熱時冷，且發展所謂的「勒索」

中國

俄羅斯

受中國高
度監視的
邊界

日本海

北韓

西朝鮮灣

●平壤

北韓軍事
分界線

非軍事區

●首爾

東海
(日本海)

南韓

黃海

日本

100 km

東海

北韓與南韓

戰略以獲取經援。北韓威脅要將核子與導彈能力輸出至其他地區，並致力於核子擴散。

李明博於 2008 年執政，對平壤方面採取較強硬的態度，他認為南韓所提供的援助並未改變北韓的所作所為。之後前獨裁者之女朴槿惠繼任總統，亦是蕭規曹隨。但由於她被控貪汙，解職之後繼任的文在寅，則主張與平壤方面展開對話。

兩國間的緊張關係經常升高，甚至產生小規模的軍事戰鬥，未來甚至還可能重啟戰端為該區域帶來災難性的大型戰事，令人感到憂慮。兩韓的處境是地緣政治上難解的習題。任一方所期望的正式統一都過於複雜而且難以處理。南韓目睹了德國的統一難處，而兩韓的歧異又更甚於兩德。再加上以人口比例而言，兩德是四個西德人對一個東德人，但南北韓卻是兩個南韓人對一個北韓人。若北韓政權自內部崩裂，將迅速帶來統一（依據若干事實假設），如此恐將導致南韓的不安定。若兩國發生衝突，落敗的一方必定是北韓，此乃軍備的差異所導致，更遑論首爾方面有美國當靠山。但是北韓在最終被擊敗之前，有能力讓對方遭受

可怕的損害。畢竟南韓首都首爾距離邊界只有 60 多公里，此外，北韓的火箭射程涵蓋每個南韓城市，甚至包含日本東京。南韓的兩難在於北韓的快速崩解與衝突，因此期盼北韓政權最終能逐步開放。

北韓政權的目標則是存活。金正日死於 2011 年 12 月。其子金正恩（金日成之孫）繼位並維持專制政權。他的兩難在於他需要外援，以避免政權崩解，只是他意識到唯獨實施限制才能讓他掌權，因此他無法接受開放。

日本擔心北韓領導人莫測高深的個性，也擔心兩韓統一後的團結一致將對其帶來敵意。兩韓維持分裂也讓美國得以持續作為南韓的重要夥伴。

北韓於 2016 年進行核子試爆後，聯合國安理會在中國的同意之下，對該國決議實施新的制裁。但此舉仍無法阻止金正恩多次試射彈道飛彈。2017 年 9 月，北韓進行第四次試射時，甚至使用氫彈技術。即使中國對北韓施加的壓力較小，卻也深恐其領導人的挑釁行為，會導致日本軍備的重整及美國在該地區的軍事部署。

文在寅總統利用南韓舉辦冬季奧運的機會，與北韓領導人接觸。兩國合派一組代表團，並展現引人注目的友好姿態。他們意識到衝突對抗會將他們推往第一線。

　　而川普與金正恩經過多次（相互間的）辱罵與衝突威脅，兩人於 2018 年 6 月和解，甚至在新加坡舉行聯合高峰會。川普證實獲得去核化協議而占了上風。不過金正恩才是真正的贏家，他獲得未預期的國際承認。他的去核化承諾既不明朗也沒有時間表。結果是川普贏了面子，金正恩贏了裡子。

　　其實暗地裡收割成果的是文在寅，他如願以償，換來緩解的緊張局面。兩韓有可能在最終簽署協議。

　　世人應當習慣與一個配備核子武器的北韓常相左右。金正恩（合理）認為，若伊拉克的海珊與利比亞的格達費（Mouammar Kadhafi）能夠善加利用核武，他們都將能好好活到今天且仍大權在握。

摘要 ●

韓國的分裂自冷戰末期便留存下來。而分裂迫使從軍事獨裁轉變為民主的南韓與凍結在史達林式政權的北韓兩相對立。北韓的經濟停滯與南韓的繁榮形成鮮明的對比。即使雙方的目標都是統一，但彼此都安於維持現狀，且縱使因而能避免衝突或北韓的內部崩裂，北韓依然不會放棄能永久保障其政權的核武。

10 西藏

西藏在西方世界中屬極為敏感的問題，且在中國是幾乎一直存在的問題。

依中國人的說法，西元十二世紀時，藏王與一名中國公主成婚後，西藏就屬於中原帝國的一部分。佛教於西元八世紀傳入西藏全境內，而文化上則主要受到印度的影響。西藏在經過幾世紀後才成為真正的神權國家。西元十八世紀，喇嘛被視為大清帝國的封臣。西藏並未正式併入中國，卻也未組成獨立的國家。當清朝於 1911 年滅亡時，中國人遭逐出西藏。但毛澤東於 1949 年掌權後，中國軍隊正式入侵西藏。當時毛澤東同時打兩張牌，一張是民族主義牌，亦即要讓西藏從此對中國主權必恭必敬，這是國民黨政府時期所沒有的；另一張則是政治牌，即西藏為裨益神職人員而使人民保有「奴隸身分」，所以要將西藏人從中予以解放。

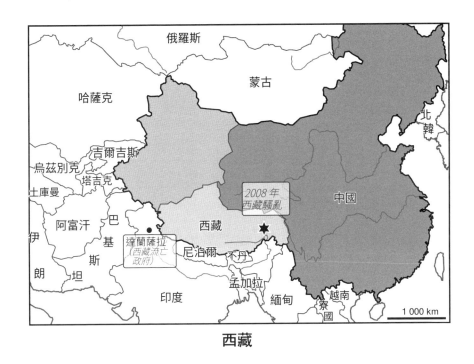

西藏

　　此論點並沒有錯，不屬於神職人員的藏人，會
被剝奪一切政治權力，被迫處於悲慘且強制勞動的境
地。儘管如此，縱使中國共產黨的占領會改善藏人經
濟上的處境，卻也無法給予其政治上的權利。當人民
於 1959 年起義遭暴力鎮壓後，政教合一的當權者達賴
喇嘛便自西藏流亡逃難至印度。他建立西藏流亡政府。
文化大革命時，一切的宗教活動被禁止，數以千計的

寺廟遭到破壞。1978 年，鄧小平領導的中國改變了對西藏的政策。他以胡蘿蔔與棍棒兼施的兩手策略將該地區現代化，提供基本建設並允許少許文化開放。他將許多中國人移入該地區定居，以改變人口結構的平衡。1989 年，達賴喇嘛獲頒諾貝爾和平獎。他被中國認定為藏獨分子，這對中國國家的統一形成了無法接受的理由。他主張非暴力路線並以西藏自治（而非獨立）為目標，試圖與中國達成政治妥協。達賴喇嘛在西方社會十分受到歡迎。他廣受各界支持，包括來自文化上被佛教吸引的人士、視其為反抗中國軍事鎮壓之非暴力領袖的人士，以及認為這對（本身權力擴張帶來隱憂的）中國負面政治傳播為一絕佳手段的人士。中國當局表示有意選擇下一世達賴喇嘛，但這位人選在藏人眼中缺乏真正的合法性。

中國並非完全沒有意識到國際社會的譴責，但對西藏問題卻是充耳不聞。中國認為西藏為其領土不可分割的一部分。公開對達賴喇嘛尊崇的國家可能會遭到中國給予政治與經濟上的報復，因為這些國家被指控質疑中國的主權與領土完整。支持達賴喇嘛則被視

為不可接受的干涉行為。收復西藏是為了報復並洗刷過去恥辱的整體行動的其中之一。

此外，在面對印度時，西藏也因為擁有龐大的河川蓄水量，而具有戰略重要性。許多藏人歷經正在進行中的經濟現代化，一如他們歷經過的政治同化過程。中國當局將此經濟現代化定位成中國全球現代化的一環，因此一個獨立的西藏是全然不可思議的，在中國權力擴張之際更是不可能讓西藏獨立。雖然中國勢必對西藏維護本身的主權，但還是可能會同意讓西藏獲得文化與政治的開放。即使西方輿論極為關心西藏的命運，但西方政府卻對此形勢習以為常。

達賴喇嘛於 2011 年放棄其政治職務並將權力移交予總理。他於 2015 年宣布可能將不再轉世。北京方面則保留指派下一世達賴喇嘛的權力。

摘要

中國認為西藏為其領土不可分割的一部分，無法接受外界質疑中國的存在或甚至中國在西藏施行的政策。廣大的西方輿論在對達賴喇嘛的支持中，所見到的是為了自由與非暴力的搏鬥。但中國儘管遭受國際社會的批評聲浪，仍下定決心保留對此地區的控制。

11 博科聖地

　　奈及利亞是非洲人口最多且擁有大量油源的國家。不過此一天賜良油的分配卻極為不均，造成貪腐猖獗，阻礙了國家的安定與發展。多數在北部的穆斯林與多數在南部的基督徒兩方週期性地成為反對派互相敵對。

　　博科聖地（Boko Haram，為對外宣傳的名稱）係由穆罕默德‧優素福（Mohamed Yusuf）於 2002 年所創立，博科（Boko）意為奈及利亞英文的「book」，聖地（Haram）意為阿拉伯文的「禁止」。博科聖地的字意即是「拒絕西方化的墮落教育」。其正式名稱為「Jama' atuAhlul Sunna Lidda' awati Wal Jihad」（致力傳播先知教導及聖戰人民軍）。

　　穆罕默德‧優素福譴責南北兩方的不平等，他的主張受到奈及利亞北部一部分人口的歡迎。72% 的北部人口生活在貧窮線以下，而南部則有 27% 的人口感覺被國家拋棄。他吸引了落後街區的年輕人、學習古蘭

經文的學生，以及低薪資的公務員。博科聖地在 2009
年在奈及利亞北部的四個州內發動大規模攻勢並襲擊警
察局。奈及利亞軍隊回以重擊，因而造成數以百計的
人民喪生。殘酷且盲目的鎮壓加深了政府當局的惡劣
形象，結果就是一部分的人口轉而支持博科聖地。

　　由於該組織首腦慘遭擊斃，組織的行動更加激進
化。格達費失勢與薩赫爾（Sahel）戰爭使博科聖地將
行動國際化，與奈及利亞外部的聖戰士團體建立聯繫。
古德勒克 · 喬納森（Goodluck Jonathan）總統（經民
選產生但卻放任貪腐盛行）於是頒布緊急狀態，加強
鎮壓的力道。

　　2009 至 2011 年間，博科聖地聲稱犯下 164 起自
殺攻擊事件。該組織於 2011 年 8 月襲擊位在奈及利
亞首度阿布賈的聯合國機構大樓，之後於耶誕節在一
間教堂殺害 150 名基督徒。2011-2014 年，該組織造成
7,000 人死亡。2014 年 4 月，該組織綁架 200 名女中學
生，使得政治頭人、娛樂界明星及西方輿論投入可觀
的動員，藉由「把我們的女孩帶回來」（Bring back our
girls）行動加以回應，然而卻未在當地造成任何影響。

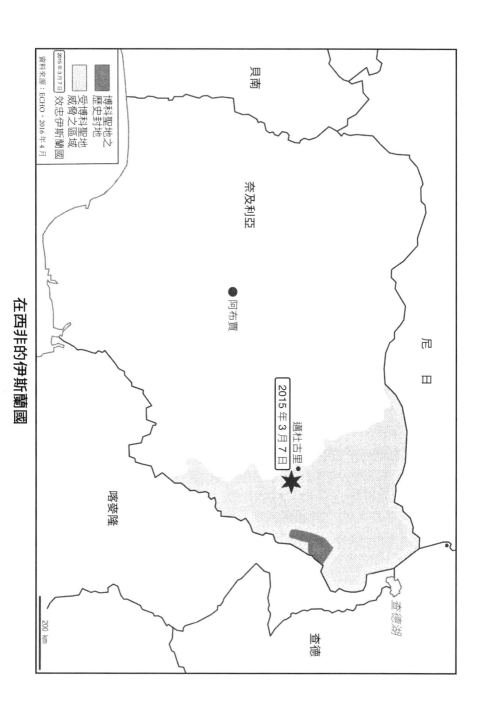

在西非的伊斯蘭國

資料來源：ECHO．2016 年 4 月

2015年3月7日

博科聖地之歷史封地

受博科聖地威脅之區域

貝南

奈及利亞

尼　日

喀麥隆

查德

阿布賈

邁杜古里

2015 年 3 月 7 日

查德湖

200 km

之後博科聖地將行動擴及喀麥隆、查德、尼日等鄰國。

2015 年 3 月 7 日，尼日總統大選的前三週，博科聖地頭目阿布巴卡爾・謝考（Abubakar Shekau）宣布該組織效忠伊斯蘭國。他透過該行動的推特帳號，以錄音方式散播訊息：「我們宣布效忠穆斯林的哈里發國」。伊斯蘭國於數天後接受其效忠。這兩個組織有別於蓋達組織，不約而同地意圖擁有一塊屬土地。此舉特別有助於博科聖地獲得更高的能見度，並膨脹其重要性。

2015 年 3 月，穆罕默杜・布哈里（Muhammadu Buhari）這名曾參與政變，後轉而遵循民主的退役將軍，因誓言打擊貪腐而贏得奈及利亞總統大選。於是區域與國際之間展開合作，以對抗博科聖地。布哈里亦有意在對抗博科聖地過程中，消弭「所有的軍事行動」，並改善北部人口的生活條件。據粗略與確實的估計，博科聖地此一團體（或「派」）的人數介於 10,000-40,000 人之間。其屬地更是不存在固定的地點。若新上任的總統遵守選舉承諾，則博科聖地將難以繼續維持其影

響力。由於石油是奈及利亞的主要資源，石油價格的下跌對其產生了重大影響。軍隊取得奈及利亞東北部博爾諾州（Borno State）幾座主要城市及若干城鎮的控制權。儘管博科聖地的勢力已遭削弱，卻仍不斷作亂，自 2009 年起，其暴力行動已造成 27,000 多人死亡，超過 260 萬人流離失所。

自 2016 年起，查德湖周邊國家的四支軍隊與一支多國聯合部隊，官方統計共有 7,500 名人員投入反抗博科聖地。該組織因而喪失許多根據地但似乎仍蓄勢而起。

摘要 ●

原本博科聖地派只是操弄奈及利亞北部穆斯林的失望情緒，後來卻轉而成為恐怖行動。要對付博科聖地，除了打擊貪腐，並滿足北部人民對社會的一切需求外，還必須再加強防禦措施抵擋恐怖行動才是上策。

12 蘇丹

　　蘇丹是撒哈拉以南非洲最廣大的國家，它連結非洲與阿拉伯世界。該國成為南北之間傾向分離主義者的侵擾目標，隨後於 2003 年起，又受到其位於西部的達佛所擾。這兩個情況，都是由於宗教與文化的差異，加上反抗中央過於集權並任憑地方自生自滅，以及有意掌握位在南部幾個地區的油源，從而引發分離主義者的行動。

　　達佛是一個與法國面積相當的區域，有 6 百萬的人口。自 2003 年起便爆發衝突。沙漠化因素促使阿拉伯遊牧民族與非洲定居部落，亦即畜牧者與農耕者之間彼此爭奪土地（縱使雙方同屬穆斯林）。該地區長久以來都遭中央政府漠視。達佛人效法南部的反抗行為而堅持其訴求。反叛的武裝行動，引起蘇丹政府的鎮壓，造成悲慘的後果，總計 30 萬人死亡，2 百萬人流離失所。

達佛的問題受到美國極大的關注。此問題被界定為「種族屠殺」，藉此將基督教與猶太教組織動員起來。然而在存心抗議粗暴鎮壓的背後，亦存在著將蘇丹伊斯蘭政權弱化的地緣政治意圖，用意是阻撓一個可能敵視以色列的強國繼續發展。

2008 年，蘇丹總統奧馬爾‧巴席爾（Omar al-Bashir）宣告休戰，但未獲政府軍隊遵守。他於 2009 年遭國際刑事法院（International Criminal Court, ICC）指控犯下戰爭罪與危害人類罪。然而他卻分別於 2010 年以 68% 的選票，以及 2015 年 94.5% 的選票再次當選總統！此外，他還獲得其他非洲領袖的支持，譴責國際刑事法院僅指控非洲的領導者。巴席爾不但能毫無顧忌前往許多非洲國家（如 2015 年造訪南非），亦踏上若干大陸的土地（俄羅斯、中國、約旦、土耳其）。

2010 年 2 月，衝突的各方於卡達杜哈（Doha）簽署和平協議。但在達佛的反叛行動分歧，使得協議難以履行。一支聯合國與非洲聯盟的聯合部隊被派往達佛，以保護平民並確保人道援助得以完成。

然而安全與人道情況再度惡化。軍隊與叛軍重啟

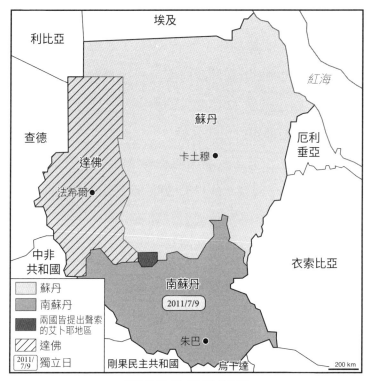

蘇丹的危機與衝突

戰事。政府對叛軍控制的區域展開空襲轟炸。根據聯合國的統計,在達佛的衝突造成 30 萬人死亡,2 百萬人流離失所。

1983 年的南蘇丹,基督徒及泛靈論者(Animism)發動脫離蘇丹的戰爭。該戰事造成其國內 150 萬人死

亡，4 百萬人流離失所，並有 60 萬人逃難至位於邊界外的鄰國。2005 年蘇丹政府與蘇丹人民解放軍簽署一項協議，終止長達 22 年之久的衝突，並預計於 2011 年 1 月讓該國南部舉行自決公投。

南蘇丹（位於主要產油地及基督徒占多數的地區）於 2011 年宣布獨立。蘇丹於 2005 年終止長年戰爭後，被迫接受此一結果。美國對該國獨立著力甚深，而由於貪腐且缺乏穩固的公共建設，導致一場內戰於 2013 年爆發。

南蘇丹雖然獨立，但必須建立各單位的政治與行政機關，以及針對教育與衛生的基礎設施。而該國並無法使其北方部分領土倖免於分離或被併吞的企圖。

自 2013 年起，南蘇丹便遭受內戰的摧殘，造成近 40 萬人死亡，4 百萬人流離失所，以及 1 百萬人逃難。根據聯合國的報告，760 萬人需要援助，聯合國世界糧食計畫署（PAM）估計有 360 萬人需要緊急援助。即使在首都，水電也處於匱乏狀態。該國有 1 千 2 百萬的人口，卻僅鋪設 80 公里的道路。雖然農業發展具有可觀的潛力，實際上所有的食物卻仰賴進口。

南蘇丹並沒有政黨，頂多是代表努爾族（Nuer）與丁卡族（Dinka）兩個不同種族的武裝民兵組織。由於能確保該國財富的石油無法獲得保護，只得配合降低油價並支付上漲的轉口稅給予蘇丹。

　　在南蘇丹的內戰可說是「被遺忘的戰爭」，儘管帶來巨大的災害，卻鮮少受到西方媒體的青睞。2015年8月所簽署的和平協議，並無法阻止2016年夏，亦即過渡政府成立三個月後所爆發的衝突。

　　2018年9月12日，南蘇丹總統薩爾瓦・基爾（Salva Kiir）與里克・馬查爾（Riek Machar，曾發動政變，企圖推翻現有政府，引發內戰）於衣索匹亞的阿迪斯阿貝巴（Addis-Abeba）重新簽署一份新的和平協議。馬查爾因而得以在離開兩年後，於10月31日重返首都朱巴（Juba），並在多名非洲國家領袖出席觀禮之下，參加慶祝其簽署和平協議的典禮。然而是否能夠建立永久的和平仍是前途未卜。

摘要　•

蘇丹是一個具有油源的廣大國家，因為跨文化的差異性及對油源控制的競爭，而受到分離主義造成的緊張局勢所擾。現任總統奧馬爾・巴席爾遭國際刑事法院指控犯下戰爭罪。而2011年南蘇丹的獨立，引發摧殘該國長達五年的內戰，距離和平看來還有很長的一段路。

13 敘利亞

　　就在我們認為必然會崩潰的若干政權（突尼西亞、埃及）倒台後，2011 年 1 月與 2 月，輪到敘利亞人民動員起來，對抗獨裁政權，總統巴沙爾‧阿薩德（Basharal-Assad）於 2011 年 3 月遭判貪汙罪刑。

　　2000 年，巴沙爾‧阿薩德繼承其父職位，其父自1970 年便開始掌權。他屬於少數阿拉維派（Alawites）的分支，只占敘利亞人口的 10%，而 70% 是遜尼派。該國為世俗主義與民族主義政體。敘利亞在冷戰時期便與蘇聯有所往來，後與俄羅斯保持密切的交往。由於軍力的不利因素，敘利亞避免與以色列產生衝突，但卻成為阿拉伯世界的首要問題，並發展出反西方與反以色列的言論。

　　當突尼西亞與埃及的安全部隊分別拋棄宰因‧阿比丁‧班‧阿里（Zine El Abidine Ben Ali）與胡斯尼‧穆巴拉克（Hosni Mubarak）時，巴沙爾‧阿薩德決定

嚴厲鎮壓革命以防落得同樣的下場。他將人民的起義視為外部勢力所引導（美國─錫安主義者的陰謀），然而起義的背後因素確實是源自於敘利亞內部。他同時指控穆斯林極端聖戰士的存在，危害了基督徒與阿拉維派等少數族群，但是他卻又放縱激進伊斯蘭主義者。他的策略用意在於面對聖戰士時，可利用其作為屏障。然而，他對一向和平的示威，選擇了鎮壓以維持大權在握，為壯大聖戰士陣營推波助瀾。

土耳其及波斯灣諸國向來與敘利亞關係密切，但彼時卻與巴沙爾・阿薩德保持距離，並支持反對的武裝勢力。西方國家則猶豫是否為反對勢力提供武器，以阿富汗為例，他們事實上擔憂武器會落入激進極端主義者手上。敘利亞初期的和平革命，很快便有軍武與國際元素加入，俄羅斯與伊朗對其政權伸出援手。對伊朗而言，此舉是為了協助阿拉伯世界中唯一的友邦，且是為了維繫與黎巴嫩真主黨（Hezbollah）的關係。對俄羅斯而言，則是為了保障本身在塔爾圖斯（Tartus，敘利亞第二大港）的軍事基地及在該區域戰略位置的利益。不過為了對抗改變政權的想法，俄羅斯自認在

針對利比亞局勢於聯合國安全理事會第 1973 號決議中放棄投票一事上犯下了錯誤。該決議最初是為了保護受到利比亞格達費威脅的班加西（Benghazi）平民，但最終變成要改變政權並推翻（以至於消滅）格達費。一邊是支持反對派的西方國家與阿拉伯國家，另一邊是支持政權的俄羅斯與伊朗。此外，由於卡達與沙烏地阿拉伯認為巴沙爾·阿薩德構成威脅，於是便援助激進團體。由於西方國家無動於衷，使敘利亞溫和派叛軍動彈不得，在聖戰士及敘利亞軍隊之間進退失據，平民則淪為主要的受害者。儘管歐巴馬將敘利亞政權使用化學武器設定為「不能逾越的紅線」，但他卻拒絕對 2013 年 9 月一場歸咎於該政權並造成 1,400 多名平民死亡的化學攻擊付諸行動（死亡的平民人數確實已增加到 11 萬）。

俄羅斯成功取得折衷方式，以要求敘利亞銷毀貯存的化武，來換取西方國家不予干預。2014 年 6 月 29 日，擺脫蓋達組織陰影束縛的「伊斯蘭國」，宣布在敘利亞與伊拉克領土內建立哈里發國。

其引發的衝突造成約 1200 萬平民顛沛流離，其中

5百萬人逃至國外，尤其是位於邊界的鄰國（土耳其、黎巴嫩、約旦）。2018年夏天造成40多萬人死亡，70個國家聯合結盟以對抗伊斯蘭國，不過2015年9月，俄羅斯實施轟炸行動，使得巴沙爾・阿薩德得以收復失土。該國雖然趁著危機時增強實力，但衛生、教育建設卻仍付之闕如。

縱使巴沙爾・阿薩德重新奪回敘利亞最大部分的領土，他也不過是一個被摧毀國度的領導人。再者，只要他仍在位掌權，以政治尋求解決的手段便無從實現，因為無論是西方國家或是阿拉伯國家，都不接受為該國支付重建的經費。俄羅斯雖然可以按慣例，在伊朗的支援之下，繼續支持該政權，不過卻也沒有提供重建的方法。

摘要 •

敘利亞革命始於「阿拉伯之春」風起雲湧之際，卻慘遭大力鎮壓。此衝突的軍事化與國際化結果，使其成為本世紀初最血腥的衝突之一。

14 葉門

　　2013年爆發的葉門內戰，受到外國勢力的干預，業已造成1萬人死亡（據聯合國估計值，不過實際數字絕對不止於此），不過卻未能以戰爭所導致的人道悲劇引發媒體的迴響。西方媒體對此保持相對的沉默有三個原因：一、傷亡人數遠低於敘利亞境內的衝突；二、該國關閉媒體；三、主要的人物為西方的重要盟友。

　　阿里‧阿卜杜拉‧沙雷（Ali Abdullah Saleh）自1978年擔任北葉門（首都沙那〔Sanaa〕）的總統，同時期的南葉門（亞丁〔Aden〕）則是親蘇維埃的共產政權。全世界於1990年自冷戰中走出之際，南北葉門合併。2004年，在北部由海珊‧胡希（Hussein al-Houthi）領導的什葉派（占人口30-40%），自認遭到邊緣化且不受重視，於是起而反抗中央政權。而自阿富汗戰爭後，葉門成為聖戰士的後方基地。蓋達組織駐

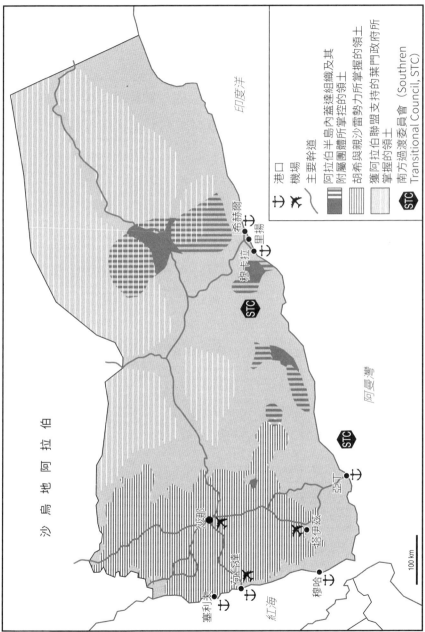

沙烏地阿拉伯

印度洋

阿曼灣

紅海

希赫爾 ●
土里揚 土
土卡拉 土
穆卡拉 ●
STC
STC
亞丁 土
馬里布 ● ✈
哈伊茲 ✈
阿爾合達 ✈
塞利夫 土
土
穆哈 土

100 km

土 港口
✈ 機場
—— 主要幹道
▥ 阿拉伯半島內蓋達組織及其
附屬團體所掌控的領土
▤ 胡希與親沙雷勢力所掌握的領土
▦ 獲阿拉伯聯盟支持的葉門政府所
掌握的領土
STC 南方過渡委員會 (Southren
Transitional Council, STC)

資料來源：風險情報（Risk Intelligence），2020 年 2 月。

葉門的胡希叛軍

紮此地，引來了美國經常性地發動飛彈攻擊。2004年，胡希遭美國中央情報局（CIA）刺殺身亡。

2011年，掌權達33年之久的沙雷總統，在「阿拉伯之春」的覺醒行動中，遭到葉門人民強烈質疑。他企圖用武力鎮壓人民起義，但是一開始便受到美國及波斯灣國家的聯合施壓而被約束，於是整個局勢陷入不穩定的狀態。

沙雷在過去與胡希追隨者纏鬥，如今卻互相結盟，他依然是葉門政治危機的核心元素。胡希追隨者成功了掌控該國的部分領土，其中包括首都沙那，並及於亞丁港。沙烏地阿拉伯眼見死對頭伊朗將手伸入該地，便指控其遂行擴張主義且懷有敵意。

沙烏地阿拉伯一直將葉門視為其「後院」，並且建立了一個遜尼派的阿拉伯聯盟，支持遷至亞丁且被國際承認的政府。沙烏地王室新繼承的王子穆罕默德‧本‧沙爾曼（Mohammed bin Salman），時年30且有意確立本身承襲自國王的大權，遂於2015年3月展開軍事干預的「果斷風暴行動」（Operation Decisive Storm）。結盟者包括海灣阿拉伯國家合作委員會（Gulf

Cooperation Council）成員國（不含阿曼）、埃及、約旦及巴基斯坦（卡達遭沙烏地阿拉伯與阿拉伯聯合大公國下令封鎖後，於 2017 年 6 月退出結盟）。軍事行動大部分以空襲為主，由利雅德方面與阿布達比主導。這場衝突陷入泥淖，且遭遇前所未有的頑抗，尤其是該國確實對沙烏地阿拉伯懷有敵意。獲聯合國承認的阿卜杜拉布‧曼蘇爾‧哈迪（Abdrabbuh Mansur Hadi）總統僅掌控少部分領土，而且駐地在沙烏地阿拉伯的首都利雅德。

處於混亂狀態且籠罩在陰影之下的葉門，被聯合國認定符合「為全世界所知正歷經最嚴重人道危機」的現狀。根據評估，2,700 萬的人口中，有將近 1,800 萬人（亦即 60% 的人口）需要糧食援助，而超過 800 萬人（其中半數為兒童）處於饑饉狀態。自 2017 年 4 月起，有 120 萬人感染霍亂。此外，沙烏地阿拉伯所實施的空襲行動還殃及學校與醫院。2017 年 10 月 5 日，一份聯合國祕書長報告獲得公開發表，這是首度將 2016 年因該軍事結盟之國家及實體，造成兒童殺害或傷害犯行的資訊刊載其中。西方國家儘管對空襲感到不安，

但考量現實上與沙烏地阿拉伯的關係，因而迴避表達其立場。

即使胡希追隨者獲得伊朗的間接支援，然究其起義的成因，首要是期盼本身權利能獲得認可，加上能建置聯邦的方案，以及取得海路出入控制這兩項意志所驅使。然而沙烏地阿拉伯及其盟友，卻寧願將這場衝突解讀為「國際性」衝突，否認其僅只屬於葉門內部衝突的面向，與伊朗展開全面性的對抗。

2017 年 12 月 2 日，前總統沙雷與沙烏地阿拉伯陣營拉近關係，以試圖取消對葉門的制裁，此舉令人側目，且被胡希追隨者視為叛變，兩天之後便遭其前盟友所殺害。

雖然西方列強由於經濟與戰略的關係，與沙烏地阿拉伯產生連結，因而放任沙國將手伸入葉門，不過記者賈邁勒·卡舒吉（Jamal Khashoggi）於 2018 年 10 月遇害的事件，招致媒體與民眾的憤慨，使得葉門境內的衝突露出曙光，且最終可能會為利雅德方面帶來壓力，從而結束空襲的行動。

2018 年 12 月，和平協商在瑞典斯德哥爾摩展開。

摘要 •

葉門自 2013 年以來即面臨可怕的戰爭，這是由於哈迪總統
的政府軍對抗與前總統沙雷結盟的胡希追隨者叛軍所致。牽
涉程度各異的沙烏地阿拉伯與伊朗，間接在此處狹路相逢。
儘管這場衝突造成 1 萬人死亡，加上國內悲慘的人道狀況
（饑荒、霍亂疫情），媒體卻對此相對顯得興致缺缺。

15 中國與美國的「修昔底德陷阱」

　　冷戰期間，美國在尼克森（Nixon）與季辛吉（Kissinger）的主導之下，與中國拉近令人矚目的關係，為兩國彼此間言詞齟齬、具侵略性與威脅性的交鋒畫上句點。美國此舉在於抵銷蘇維埃勢力，以實現分別利用北約牽制其西部，利用中國牽制其東部的目標。至於北京與華盛頓，為了對抗蘇聯這個主要的共同對手，兩者之間意識形態的深度分歧也只能先放一邊。

　　自 1978 年起，中國展開經濟自由化政策，尤其對外國投資者開放。鄧小平在美國參訪時，美國的活力帶給他很大的衝擊。而美國在中國的開放中，也預見到本國大型投資者的經濟良機，以及將中國納入國際社會的方法。

　　蘇聯瓦解後，同時間中國持續發展，世人普遍質疑中國是否已取代莫斯科，成為美國的主要對手。另一

部分的人則持相反看法，認為未來將會是兩大勢力組成「兩大工業國」（G2），以新型態的共管（Condominium）一同主宰地球。兩國在經濟上形成互相依賴。中國的商品需要進入美國市場以維持本身的經濟成長（此乃共產黨政治正當性的根源），美國則垂涎中國的便宜商品。「Made in China」的零件也使美國科技企業極具競爭性。

不過中國所追求的除了經濟力的增長外，也包括戰略上的勢力擴張。此外，中國對美國貿易發展形成了每年超過 3,000 億美元的順差，經常被利用於購買美國債券。

中國一方面複製美國經濟的措施，一方面維持共產黨的政治壟斷，以此確保令人矚目的經濟起飛。歐巴馬期望將美國的軸心移往亞洲。他有意制定一項將中國排除在外的泛太平洋協定，旨在抑制中國的權力擴張，但不具挑釁意味。

2016 年的美國總統競選期間，川普針對中國態度提出質疑，指控其利用貿易順差竊取美國並破壞美國的工作機會。該主張廣受其選民的歡迎。他在第一時

間表明他將會採取一個中國政策（意指不承認台灣，這對北京而言是極為敏感的議題），同時卻也將中國進口商品的關稅調高至 45%。他軟硬兼施，把合作的提議交替以貿易戰來威脅運用，他深信美國將會贏得這場貿易戰爭。

中國領導人則強烈回應，表示任由旁人號令中國的時代已經結束了。

「修昔底德陷阱」（Thucydides Trap）的議論在美國引發風潮，尤其是受到美國最偉大的地緣政治學者之一格雷厄姆・艾利森（Graham Allison）的著作《注定一戰？》（Destined for war）所推波助瀾。

這名學者重拾希臘歷史學家修昔底德的分析，裡面提到在伯羅奔尼撒戰爭（Peloponnesian War）中，斯巴達與雅典的對戰勢無可避免——從居主宰地位的斯巴達強權開始走向衰落之際，便意圖阻止雅典超越，而此時的雅典，雖然處於被宰制的態勢，但其勢力正在擴張。

另一個被提出的範例，則是德國與英國的關係，最終導致了第一次世界大戰。1910 年時，德國的國內

生產毛額（GDP）超越英國，英國不同意德國的勢力擴張。一般而言，首強陷於停滯時，會避免被崛起中的次強超越，兩國是否很自然地會朝向開戰一途？首強會在每次即將被對手超越時，都使用武力加以阻止嗎？艾利森檢視十六個類似案例，其中有十二個最終走向開戰的案例。

修昔底德陷阱會在美國與中國之間產生嗎？兩國之間的戰爭是否終將無可避免？答案仍莫衷一是。兩國所發展出來的緊密貿易關係並不足以排除所有各個衝突。畢竟德國與英國在第一次世界大戰之前，彼此是主要的貿易夥伴。歷史上的諸多範例，其所處的年代尚且不存在核子威懾，若有的話，必定使情況改觀。

不過，中國在 2050 年前，其國內生產毛額勢將超越美國，而這是其中最重要的戰略主題之一，或許北京與華盛頓雙方關係的連結，以及美國所要處理中國追趕（或超越）的方式，會是一個重要的戰略主題。

摘要 •

美國這個世界首強將會如何應對中國勢力的擴張，以及中國在本世紀前半可能奪取領導地位的事實？華盛頓與北京雙方是否將會避免修昔底德陷阱？

Chapter 4

10 個結構性
的趨勢

1 美國超級強權的終結

　　美國自二十世紀下半葉主宰全世界之後，開始面臨競爭對手崛起的勢力與世界的多極化。

　　十九世紀末，美國晉身為世界第一經濟強權，但當時還不是第一戰略強權，該地位仍由身為殖民帝國與海上霸主的英國所把持。美國介入對第一次世界大戰的勝利產生決定性的作用。但和平降臨後，美國的孤立主義思潮依然深厚，因而未能參與構築世界秩序。1941 年 12 月 7 日，日本攻擊珍珠港，突顯了孤立主義的偏限，迫使美國投入第二次世界大戰。

　　幸賴其地理條件，美國成為唯一在戰後比戰前還強大的國家。美國東西兩側領土受到兩個海洋的保護，使其免於遭受敵人的攻擊。其領土的北邊與南邊，又分別與友邦共享邊界。美國因此不像其他參戰國，領土慘遭空襲蹂躪，平民百姓也幸免於難。美國領土賴此一庇護，人員損失在比例上少於其他參戰國。其工

業潛能不僅躲過一劫，反而還因為投入戰爭，以及其他國家的工業產能遭到摧殘而受到刺激。受益於衝突，美國產煤量占全球產量的一半，產油量則占了全球產量的三分之二。

之後，美國很快地遭遇蘇俄的威脅，誠如杜魯門（Truman）所言，他們將「帶頭領導自由世界」，毫無爭議地成為世界首強。

美國的強權呈現多樣的型態。首先在戰略層面。即使美國很快就喪失了核武的壟斷地位，但是在武器競爭上依舊位居龍頭，尤以數量觀之。蘇聯只在 1970 年代初曾短暫與美國平起平坐（此乃 1972 年 5 月 26 日所簽署的戰略武器限制談判〔SALT1〕所造成的局勢）。1980 年代初，美國再度因其技術進展而卓然出眾。其次為經濟層面。美國國內生產毛額（GDP）排名世界第一。許多創新技術皆源自美國。最後則是影響力，「AmericanWay of Life」的吸引力，其電影、大學的受歡迎程度等，都是美國在國際上的競爭優勢，使其在自家領土及美軍駐紮地以外的地方，擴大其本身的影響力。

隨著蘇聯解體，美國拿手的資訊與通訊新技術的發展，使其相對的領先幅度又更大。1990 年代，法國的外交部長于貝爾・凡德林（Hubert Védrine）提出「超級強權」的概念，意指舊稱「超級大國」一詞已不足以形容美國在國際上的主宰地位。同時，美國地緣政治學家布里辛斯基（Zbigniew Brzezinski）認為，美國成為全球化時代的第一帝國，因為過去的諸帝國，都只不過是區域性的帝國。

過去曾有多次「美國衰落」的預言，但都未應驗。1957 年，當蘇聯成功發射史普尼克（Spoutnik）衛星，迎接征服太空的挑戰時，美國衰落這件事終於成真。此外，也體現在蘇俄自 1950 年代末完成洲際飛彈時，形成對美國領土的威脅，結束其自建國以來即受益的地緣庇護。而當美國陷入越戰泥淖之中，接著 1971-1973 年間取消美元兌換黃金，1979 年蘇俄入侵阿富汗以及伊朗沙阿政權被推翻之後，1980 年代末日本汽車與電子產業看似將旗鼓相當的美國對手打得七零八落時，美國都再度呈現衰落態勢。但每次遭遇衰落態勢，美國都能爬起，持續在長跑競賽中跑到前頭。

所以我們可以捫心自問，美國衰落的新說法，是否又會跟過去的舊說法一樣落空。

　　由兩個元素可佐證目前在結構上的趨勢，比以往所呈現的情況更加強烈。第一，在一個全球化的世界中，即使身為世界首強也無法隨意行事，多方新增的要角阻礙制定單一的計畫與規則。第二，事實上並非美國衰落，而是許多其他國家的勢力崛起。嶄露頭角的國家不在少數。

　　小布希（George W. Bush）堅信美國為超級強權，遂制定多項單邊政策，其中最顯著的例子，便是 2003 年對伊拉克發動戰爭，也因此加速美國相對弱化的態勢。歐巴馬（Barack Obama）將世界的多極化與美國至上的終結加以整合，也因此他不斷重申美國無法獨自解決世界中的重大挑戰，但是少了美國，這些重大挑戰也無法獲得解決。歐巴馬的政策包括避免美國展開新的軍事行動。

　　接著繼任者川普，透過其競選標語「讓美國再次偉大」（Make America Great Again），隱約承認了美國的衰落態勢。對他而言，不管是對待盟友或競爭對手，

美國只能以粗暴方式執行其本身意志。

　　川普事實上發展出一項退出（或威脅退出）主要多邊協議的策略：聯合國教科文組織（UNESCO）、巴黎協定（Paris Agreement）、伊朗核協定（Iran nuclear deal）、跨太平洋夥伴全面進步協定（CPTPP）、北美自由貿易協議（NAFTA）等。由於許多國家不願與美國發生衝突，該策略在短期內的確有所斬獲。但自中長期來看，該策略將使美國陷入孤立並加速衰落，還會促使其他國家聯合起來對抗「美帝」，並質疑美元作為國際貨幣的角色，或蓄意對使用美元的國家實施境外制裁。

摘要 •

在與蘇聯相互競爭之前，美國在二戰結束時取得世界的領導地位。蘇聯解體創造出一個幻覺，即一個由美國單獨宰制的單極世界就此誕生。但是隨著全球化，以及其他強權及不同型態的勢力紛紛崛起，此理論終將走向破滅。

2 西方獨霸的終結

　　西方世界正在失去霸權，此霸權已經讓西方世界受益了五個世紀之久。

　　歐洲於五至十世紀間成為入侵或移民的通道。而自 1095 年至 1291 年，歐洲則首度藉由十字軍東征體會擴張概念。

　　自十五世紀末號稱「地理大發現」的時代，歐洲開始征服世界。對黃金、香料的渴望促使歐洲與其他文明展開接觸，並透過武力、傳染病摧毀這些文明，或是將這些文明貶為奴隸制度。十九世紀是新的歐洲擴張時期，同時表現在領土與技術方面（蒸汽船、鐵路、電報）。即使美國和拉丁美洲相繼獲得獨立，文化上還是與歐洲親近。在拉丁美洲，白人享有權力，印第安人或混血族群毫無承擔責任的機會。在美國，種族隔離制度取代原先的奴隸制度。白人盎格魯—撒克遜新教徒（White Anglo-Saxon Protestant, WASP）獨占

政治與經濟權利。

歐洲的宰制絕大部分是受到好勝心的驅使，因而造成競爭與美洲大陸的政治分裂。直到十九世紀初，中國的國民生產毛額（GNP）還占全球的三分之一，只是中國施行的是中央集權政策。十五世紀時，中國皇帝決議海員不得冒險前往海外進行探索或征服，所有中國人民都無法擺脫其威權。但在歐洲，即使葡萄牙國王拒絕支持克里斯多福・哥倫布（Christophe Colomb）的遠征，他還是轉而向西班牙當局提出請求。

起初征服世界所採取的軍事手段相對較為薄弱。發生在歐洲境內的戰爭不斷讓舊大陸（Vieux Continent）諸國為其各項設備予以現代化，並使諸國受益於堅實的進展。

1905 年日本對俄取得軍事上的勝利。此舉就算不是轉捩點，起碼也是一項徵兆。這是白人國家史上第一次打敗仗。

第一次世界大戰之前，全球帝國以法國和英國為首。比利時、葡萄牙、西班牙、德國和荷蘭也是名列前茅的殖民地擁有者。歐洲人聯袂以「教化任務」為

名義而主宰全世界。

不過，競爭雖然是歐洲的原動力，但同時也為歐洲帶來損失。競爭引發第一次世界大戰，而這場戰爭也被認為是歐洲境內的內戰。它削弱了歐洲的經濟與人口。而第二次世界大戰則徹底終結了歐洲主宰世界的地位。無論是戰勝國或是戰敗國，都在殘破中集結起來，分別受到美國與蘇聯的宰制與保護。歐洲不再是世界的中心，反而成為美蘇之間的競爭籌碼。殖民諸帝國經過震盪，很快便面臨崩潰。國際領導權由美國接棒，但依然落在西方世界的手中。雖然蘇俄的競爭一直都在，但無能撼動其優勢地位。

儘管 1990 年代的全球化可被視為全球性的美國化，正如十六世紀的全球化被視為全球性的歐洲化，許多事情的樣貌仍快速改變。由於非洲人口成長、亞洲經濟成長、穆斯林世界的戰略性成長，針對西方宰制的質疑聲浪此起彼落。新興國家並不只有金磚五國（BRICS，巴西、俄羅斯、印度、中國、南非）。可被納入這個範疇的國家便有十多個，且大多數為非西方國家。

這些新興國家並未取得西方國家的同意，便逕行勢力發展。此外，它們不再接受西方世界以共同利益或自訂的普世價值為名義，自行制定了計畫及國際規則。五個世紀以來便已習於引領作為的西方世界，因此得以體會外界加諸的深刻質疑，且理應面對歷經十多個世代的未知情況。

　　川普施行的政策，對待北大西洋公約組織（NATO）的歐洲盟邦有如附庸，更加削弱「西方世界」的凝聚力。

摘要 ●

歐洲強權得以主宰世界，不僅有賴地理大發現與技術革新，也受到其競爭對手的推動。兩次世界大戰削弱了歐洲勢力，美國接棒取得領導權。其他勢力的崛起，終結西方世界的絕對優勢。

3 美國轉向太平洋

　　長期以來都面向大西洋的美國，開始發現其在太平洋岸的利益。

　　美國自十八世紀下半葉取得獨立以來，便自我孤立，並退守至兩個美洲次大陸。第二次世界大戰後，美國為了排除蘇俄的挑戰而終結孤立主義，承擔起防衛歐洲的責任，並在承平時期首度加入「北大西洋公約組織」（NATO）這個軍事同盟。即使與蘇聯競爭的普世信念讓美國在世界上的大多數區域簽署軍事協定（「美國大量制定國際條約時期」〔Pactomania〕），但最重要的籌碼仍放在歐洲。1980 年代初，當加州前州長雷根（Ronald Reagan）上台執政，便開始出現「美國轉向太平洋」的討論。依據此論述，世界中心由原本的地中海轉至大西洋，如今又移到太平洋。日本勢力崛起，「亞洲四小龍」的發展，強化了該地區經濟層面的吸引力。

但是太平洋是一片寬廣的汪洋，無法成為世界中心。確切而言，是太平洋在美洲與亞洲的門面突顯了太平洋的重要性。此外，東西方的對峙在國際關係中，是主要的核心議題。冷戰結束，印度與中國巨人崛起，加上東南亞的發展，亞洲取得無可匹配的重要性。2030年，亞洲人口預估將占全球人口58%，國民生產毛額將占全球40%。

自美國在很久以前便宣示要轉向太平洋至今，我們懷疑美國是否真的有付諸執行，因為看起來比較像是從歐洲轉向亞洲，而不是從大西洋轉向太平洋。

曾在夏威夷與印尼生活過的歐巴馬，拒絕參與2010年5月的美歐高峰會，此舉對歐洲國家產生心理上的衝擊。有時會抱怨美國對亞洲過於熱誠的歐洲國家，擔心華盛頓為了受益於亞洲而拋棄歐洲，儘管這個「拋棄」其實只是相對的概念。在國際關係的現狀中，歐洲對美國而言既不是一個問題，也不是一個解方。只要跟歐洲的關係愈深，歐洲就不是一個問題（小布希執政時期跟歐洲之間的緊張關係已不復存在）。但是歐洲也無法為美國總統所關切的主要議題帶來解方，包

括從伊朗到以色列與巴勒斯坦的衝突，以及從阿富汗到伊拉克的問題。

亞洲除了人口與經濟的重要性不言而喻外，這塊大陸上還存在一個國家，自認是美國現在或未來的主要對手，那就是中國。對華盛頓而言，中美關係正轉為最重要的雙邊關係，也就是帶有戰略對抗、合作及經濟競爭等關係。美國除了維持和日本與南韓的同盟關係之外，亦試圖與印度結盟。拜兩個彼此可能相似的政權（皆屬世上最大的民主體制）所賜，加上美國境內存在團結的印度少數族裔，得以搭起美印兩國之間的橋梁，因而裨益於雙方的結盟。對印度而言，與華盛頓結盟是得以加速被認可為世界第六（甚至第五）強權的一個手段。對美國而言，為了對抗中國而與印度結盟，與過去中美關係密切是為了對抗蘇聯的作用相同。美國遂允諾協助印度取得聯合國安理會的席位。但考量到巴基斯坦是解決阿富汗問題的重要國家，與其維持友好關係的需求也特別成為新德里與華盛頓之間的爭論焦點。

印尼也同樣是一個重要的元素。這個國家擁有全世

界最多的穆斯林人口，也是一個具備穩定民主體制的南方新興國家。此外這個國家被視為第三世界主義（Third-Worldism）、1955 年萬隆會議（Bandung Conference）原則以及民族自決（Self-determination）的承襲者。雖然中國與美國同時對印尼頻頻招手，但印尼對雙方仍能保持獨立性。

2012 年，歐巴馬制定「轉向亞洲」（pivot to Asia）政策，指出遭遇中國挑戰的美國之所以轉向亞洲，原因在於歐洲不再具有戰略籌碼的地位，且在近東（Proche-Orient）遭遇的挫折太多。不過身為世界強權的美國，事實上並不會對任何一洲撒手不管。由於川普擔心該政策會徹底突顯歐巴馬的鋒頭，從而全盤推翻「亞洲樞紐」戰略。

川普讓美國退出「跨太平洋夥伴全面進步協定」（TPP），留給中國長驅直入的空間。

而北韓近年幾次的彈道飛彈、核彈試射，讓川普得以加強美國在當地的曝光度，並和正在重整軍備的日本拉近關係。

但川普依舊難以預測，無論是對他的歐洲盟友或

亞洲盟邦，他都無法予以善待，他似乎想與被他認定是危險對手的國家展開貿易戰爭，而該對手指得就是中國。

摘要　　●

美國基於血緣及與蘇聯競爭的因素，原則上是面向大西洋。但冷戰終結及亞洲國家勢力的崛起，促使美國轉向了太平洋。

4 國家數量的擴增

　　自 1945 年起，國家的數量已增加為原有的四倍。這項演進足以形成對本篇主題的探討。

　　數十年來，大規模殺傷性核武器的擴散是公認對國際安全最大的威脅之一。自從核武問世，核武器擁有國的數目增加速度相對緩慢（自 1945 起計有八國加入美國行列），且有嚴格管制（核不擴散制度設有難以跨越的門檻）。

　　另一個增加程度更為劇烈，且似乎仍處於無法加以克制的趨勢，就是國家數量的擴增。

　　聯合國成立之際，僅有 50 幾個會員國，但是目前會員國數量已達到 193 個。十九世紀時，國家或政治實體的數量銳減，這是因為德國與義大利個別的統合所導致。二十世紀時，奧匈帝國與鄂圖曼土耳其帝國瓦解、第一次世界大戰、去殖民化過程、第二次世界大戰等，這些情況都促進了國家數目的增長，而這些國

家是以國家獨立與民族自決權為名義而實踐。

　　東西對峙的結束，引發第三波國家擴增的浪潮，這是因為多國組成的蘇俄與南斯拉夫帝國瓦解所致。從這兩個案例可看出，除了強調國族認同之外，主要是經濟因素招來了分離主義。前蘇聯中的斯拉夫國家（俄羅斯、烏克蘭及白俄羅斯）認為，若能擺脫中亞邊陲國家的包袱，比較容易確保其經濟發展。而南斯拉夫內部存在不同的國家，首先引爆南斯拉夫聯邦的是小國斯洛維尼亞取得獨立的意志，因為其國民生產毛額在聯邦內最高，理所當然地產生「持獨立身分將更易於加入歐盟（EU），且在加入後更能加速經濟發展」的念頭。 歐盟的成員國內，往往是最富裕的地區（比利時的佛萊明〔Flemish〕、義大利的帕達尼亞〔Padania〕、西班牙的加泰隆尼亞〔Catalonia〕）要求自治或獨立。儘管其國族認同與文化權並未遭到蔑視，但確實是財富分配造成了差異性。若非洲安哥拉的卡賓達飛地解放陣線（Front for the Liberation of the Enclave of Cabinda）要求獨立，也是因為其國內絕大部分的產油量源自該地區的關係。在玻利維亞，蘊含豐富礦產的地區也隱

約透露脫離的意願。而南蘇丹取得獨立的動機，除了源自宗教信仰的差異外，其領土座落在原生國絕大部分的石油蘊藏區內，也可透過此一事實看出端倪。分離主義的意志通常來自於不願意分享財富。國家（或者說要求成為國家的單位）堅信在一個縮小的實體內，比消失在一個較廣闊的整體內，更易獲致繁榮。有時多數方會尋求擺脫遭批評為無生產力的弱勢方，而有時弱勢方則期望能自多數方取得獨立以改善本身的命運。

天然資源豐富或較發達的地區意識到「分離」所帶來的經濟利益，因而罔顧國家其他成員而要求獨享資源或財富。至於政治人物則寧可成為富庶小國的首領，也不願當一個貧窮大國的領導人。

進一步推演，分離運動可能會導致世界的碎裂，恐怕更難加以管理。此將造就出「非自然國家」或「失敗國家」，等同建立不安定的灰色地帶。國家擴增的風險來自薄弱的向心力，而「分離」具有擴散的效用。在南斯拉夫共同體的架構下，塞爾維亞人在克羅埃西亞境內並沒有爭議性，可是一旦克羅埃西亞獨立，塞

爾維亞人勢必也想如法炮製，獲取相同的地位。風水輪流轉，這回換成加盟前蘇聯的多數共和國，其境內的分離趨勢蠢蠢欲動。如今分離現象出現在各大洲，且多半涉及較富庶的地區。尤其是 2017 年底，各界可透過加泰隆尼亞或伊拉克庫德斯坦（Kurdistan）觀察到此一現象。

捷克與斯洛伐克之間的天鵝絨分離（Dissolution of Czechoslovakia）可謂例外。從前南斯拉夫聯邦至南蘇丹，「分離」大致都導致災難。南蘇丹的分離未能為此一盛產石油的國家帶來和平與繁榮，反而迅速引發內戰，造成悲劇性的後果。分離趨勢所表現出來的樣貌通常是「衝突」——中央不承認地方的自治，進而訴諸武力。

大多數的戰爭都是內戰、國家層級以下的戰爭，而絕大部分的這類衝突又是受到分離趨勢所誘發。以往的戰爭皆帶有征服的屬性，如今則以分離戰爭為主。

分離運動的目的也可以是想保有原物料所帶來的收入，這些原物料就座落在一部分的領土上。中央基於事實或法律，都會將分離運動予以阻絕，並嚴加控管。

摘要 •

核武擴散相對受到遏制,而國家數目劇增及分離運動所形成
的國家離散議題,則值得加以探討。「分離」主要受到經濟
因素的驅動,且會招致極為暴力的衝突。

5 中國，下一個世界首強？

　　中國的經濟自三十多年來都呈現兩位數的成長，儘管目前相對放緩，卻似乎有望成為世界首強。

　　在毛澤東時代，中國的群眾（擁有世界上最多的人口）、政權（施行大規模思想改造）、政治顛簸（「大躍進」、無產階級文化大革命）、對國際秩序提出質疑，抨擊蘇聯與美國等情事，在在都令人感到畏懼。然而其經濟尚未發達、軍隊的設備不足、蔓延全國的混亂，都成為中國實際上在國際事務上發聲的阻礙。自 1978年鄧小平掌權，實施了四個現代化（工業、技術、農業及國防），以及經濟對外開放等政策，使中國得以體現強勁且持續不斷的經濟成長，並為中國開啟一個願景，即在本世紀間取代美國，成為世界首強。

　　十九世紀初，中國的人口及其國民生產毛額已占全球 30%，不過當時的世界尚未全球化。中國拒絕與外國勢力展開任何接觸，而當這些外國勢力強行要求

中國對外開放時，其目的不過是為了對其進行剝削。

　　內部分裂的中國，臣服於歐洲列強，並受盡屈辱，隨後於二十世紀又遭日本侵略。歷史的創傷足以解釋其對主權懷有極為強烈的依附情感。

　　近三十年來，中國經濟體每八年便翻倍成長。中國的外匯儲備於 2018 年 10 月增至 3 兆 530 億美元，幾乎是日本的三倍（1 兆 100 億美元）。全世界使用中的起重機有半數在中國，所生產的水泥、鋼、煤、玻璃、鋁的產量也占全球的一半。中國的經濟成長不僅高於其他國家，其規模與分量也使其經濟成長為全世界帶來比其他國家更重大的影響。中國的發展對全球五分之四的人類（非中國人）產生巨大衝擊。2008 年金融危機之後，中國企圖透過擴大內需，以避免單獨依賴出口的方式來整頓經濟。而中國亦著手進行一項稱為「一帶一路」的龐大計畫，也就是在全世界發展基礎建設，並確保其能源和原物料的供給。

　　中國晉身全球列強是否無可避免？中國是否也將經歷像日本一樣的泡沫經濟破裂？此外還有若干問題有待釐清，例如中國是否能繼續維持大一統的江山？

中國大一統的局面所受到的威脅並非來自技術因素，而是經濟因素。沿海地區的經濟成長極為快速，而鄉村地區的經濟成長則較為緩慢，因此必須從中找出平衡點。且中國將會遭遇人口老化而導致經濟動能趨緩的問題，此現象促使一胎化政策的終止。又如中國能否以共產黨一黨專政來維持其國家資本主義體制？只要該體制能確保經濟成長，就會形成能團結人民與國家的一份社會契約，而一旦經濟成長放緩，此契約就會受到質疑，進而產生政治問題。中國意識到有必要改善本身的國際形象，也尋求透過在全世界廣設孔子學院、開設電視台的國際頻道，或藉助智庫參與思想辯論以增進其「軟實力」。

對環境的破壞亦是中國的主要挑戰之一，其經濟成長能有目前的成就，是因為不重視環境才得以達成。中國此後遂意識到有必要致力於改善環境，尤其是面對輿論的壓力（中國已批准其於 2015 年 12 月所簽署的巴黎協定）。中國也必須關心社會不平等的發展問題。由於具備專制獨裁的權力，其政權穩定，而得以構思國家長期發展的願景。

中國保證無意主宰世界，純粹只為了維護本身的利益。受到基督教或伊斯蘭影響的國家，發展出散播本身的世界觀、使其他民族皈依自己信仰的意志，但中國反其道而行，若能體現「忠於自我並成為備受尊敬與認同的世界強權」如此單純的事實，即可令其感到滿足。

中國聲稱絕無任何一丁點殖民或領土的欲求，單純只想捍衛本身領土的完整。這也是何以香港與澳門（在十九世紀時分別由英國與葡萄牙占領）的回歸，被認為是為痛苦的時刻畫下句點。自此以後，中國最主要的地緣政治目標之一，便是統一台灣。

2011 年，中國的國內生產毛額超越日本。2013 年，中國超越美國，躍升為世界貿易首強（進口與出口）。中國的國內生產毛額實質超越美國（自 2015 年起，兩國的購買力已是旗鼓相當）已是預料中的事，問題只是何時會發生而已。

然而習近平主席撇開鄧小平所制定的戰略節制政策，毫不猶豫地拉高分貝，清楚申明其作為強權的意志。如此高調申明，令眾多鄰國及其他國家感到憂慮。

摘要 •

中國在毛澤東掌權下，其經濟歷經長期的停滯狀態，隨後自
1980 年代初開放外資投入以來，便開始受益於卓越的經濟
成長。中國正往世界首強的道路邁進。雖然中國堅稱其追求
純然和平的發展，但其勢力只會對世界的平衡造成破壞。

6 輿論力量的增強

　　「在世界歷史上，這是第一次全體的人類都活躍於政治。」布里辛斯基（Brzezinski）這一席話概括了國際關係驚人的結構性變化之一。

　　法國路易十三世（Louis XIII）在位時，黎希留（Richelieu）單獨（且成功）掌理法國外交政策。接著，包括在路易十四（Louis XIV）與路易十五（Louis XV）君主專制時期，即使國王及大臣們獨自決議國家的重大事務，他們多少還是會注意整個國家思考與支持的面向，尤其是戰爭的影響。輿論的影響力顯然隨法國大革命而強化。國家軍隊的建置更突顯輿論支持的必要性。資訊傳播方式的發展，更增進人們對境外發生事情的興趣。當稱帝時期的拿破崙三世（Napoléon III）干預義大利事務時，他必須將屬於教宗之天主教徒的支持與另一部分的義大利統一輿論納入考量。

　　十九世紀末，歐洲的人們為了黎巴嫩基督教徒的

命運，且為了希臘人與塞爾維亞人能自鄂圖曼帝國取得獨立而動員起來。

第一次世界大戰是大規模愛國群眾動員的場合，人們寧可立即投入戰場也不願靜觀其變。由於一戰的性質極端殘暴，隨後便激發出一股強烈的和平主義風潮。冷戰最主要是一場宣傳戰，亦即一場「究竟是捍衛社會主義並譴責資本主義的剝削，抑或是捍衛民主並批判共產主義的獨裁」的輿論爭奪戰。

資訊及通訊新技術的發展，顯現出資訊及通訊方式朝向中央化與個體化的一個嶄新階段。

輿論在民主體制內顯然具有影響力，但就連在獨裁體制內亦然。先不論北韓，沒有任何一個政權單靠武力便能維持下去，重點是若無人民的支持，也至少別引起太強烈的反彈。任何政權都再也無法控制資訊流通的方式。公民社會透過網路自行取得資訊，相互交流及動員。政府失去了以往對資訊所把持的壟斷權。形象成為權力的一個重要元素，在爭取輿論的風向方面，此要素已被重新列入評估。伊拉克或阿富汗境內的美軍，雖然具備強大的軍事優勢，但相較於撤出兩

國境內，此優勢並未帶來偌大的助益，因為美軍的出現，引起部分伊拉克人或阿富汗人的非議，認為他們實際上是以占領之姿前來。任何一個政府都須致力於以下兩個層面：首先要說服本國內部的輿論，政府將會制定符合國家利益的政策，其次是說服他國內部的輿論，說明其行動兼顧普遍的利益。但魚與熊掌總是無法兼得，若非得二擇一，則政府必然會優先打內部支持牌，而不在意外部的認可，只是遭受國際的責難就必須付出代價。在小布希執政的兩個任期內，美國制定了不受歡迎的對外政策，導致其形象嚴重受損，其地位也相對遭到削弱。

目前執政的以色列政府，仗著國內大多數人民的支持，毫無顧忌對巴勒斯坦採取軍事手段。儘管如此，對抗巴勒斯坦的政策嚴重損傷其國際支持度。若干非傳統民主定義的國家，例如俄國或中國，這些政權甚至也擔心其政策在國際社會中所造成的形象問題。即使這些政權不願承認，卻仍按照自己的方式來注意輿論的風向。

幸賴資訊及通訊新技術，世界各地的公民同時成

為意見的發送者與接收者。在某種程度上，全世界逐漸發展出眾多的公民社會。

摘要 •

以往在國際政策的決議過程中，並沒有輿論的參與，如今其影響力日益強化。此後無論在民主體制或其他體制裡，輿論都將扮演舉足輕重的角色。

7 軟實力

相較於強制力，影響力是行使權力時更為有效的手段。

約瑟夫・奈伊（Joseph Nye）曾任哈佛大學甘迺迪政府學院（Harvard Kennedy School）院長、美國國家情報委員會（National Intelligence Council）主席、柯林頓總統任內的美國國防部國際安全事務助理部長。他將權力定義為獲得特定結果的能力，且在此意義上，在可能的情況下扭轉他人的行為。他列舉出權力的傳統元素：人口、領土、經濟力、軍力，這幾項元素都應當妥善運用。

權力在歷史上均透過戰爭與征服，以軍事的性質呈現出來，如今呈現出來的則是更為複雜的形式。奈伊認定美國的軍事權力使美國對近東與亞洲占盡優勢。權力的傳統形式，亦即「硬實力」（hard power），或稱，允許制定有利的遊戲規則。奈伊坦言美國在面對

其對手時，本身的「硬實力」相對有所衰退。儘管如此，美國仍擁有無可匹敵的優勢，此即「軟實力」（soft power），這是行使權力的一個間接形式，但卻極為有效。這就是影響力，能裨益國家對外的吸引能力。對美國而言，自由、繁榮、開放社會、社會流動的價值對美國領土以外的地方都具有強烈的吸引力。美國大學吸引來自世界各地絕大多數的菁英，他們有朝一日歸國後，很自然會對美國心存好感。奈伊另以斯堪地那維亞半島國家（Scandinavia）為例，說明這些國家透過制定發展援助政策，或是投入維護和平的軍力，為他們帶來優於軍事與經濟潛力的聲望與受歡迎程度。而美國大眾文化的優越地位也為其帶來明確的優勢。好萊塢（Hollywood）所編織的確實是夢想，但是也創造出影響力，這個影響力是透過向全世界出口文化標準而產生，由於這是出自於觀眾本身意願，而非強制性的支持，使得這個影響力的傳播別具成效。

「軟實力」允許施展政治影響力，利於征服市場等。若一個國家成功說服另一個國家「彼此擁有共同的利益」，相較於透過強制性手段來達到同樣的成果，

前者可更輕易且更持續地成功讓後者同意其政策。

即使「軟實力」有別於「硬實力」，一個國家仍須兩者兼備，以確保本身權力的完整性。冷戰終結時，呈現出僵化、專制、官僚且無效率樣貌的蘇聯，在形象之戰中整體落敗於呈現開放社會與民主樣貌的美國。

史達林曾對缺乏軍力的梵蒂岡大肆嘲諷，誇言「教皇，他有幾個師？」然時值今日，蘇聯已不復存在，而教宗方濟各（Pope Francis）卻仍保有對世界的教誨權力。

無庸置疑地，「硬實力」讓美國人在阿富汗占盡優勢（一如美國人在伊拉克），但由於美國在該國欠缺「軟實力」，因此包括美軍在內，現身當地的美國人遂極度弱化，因此歐巴馬將贏回國際輿論的支持視為當務之急。

卡達雖屬小國，但其「半島電視台」（Al Jazeera）頻道的成功，賦予卡達重要的國際地位。

達賴喇嘛則顯然擁有極大的「軟實力」。他在精神層面上，執有極高的領導地位，超脫西藏人與佛教徒。他受到絕大部分西方輿論、好萊塢明星的支持。但全

然欠缺「硬實力」則足以解釋其流亡的處境。相反地，中國對西藏的政策飽受批評，尤其是受到西方媒體的抨擊，但握有該領土主權的卻是中國。苦於「軟實力」不足的俄羅斯亦有相同遭遇。不過這兩個國家都產生相關的意識，也紛紛尋求投入這個被他們一直忽視至今的領域。

全球化促使資訊的流通更加快速與普及，在權力的定義裡，全球化會強化形象的影響力。一個國家的形象並不會受到邊界圍籬的阻礙。

摘要 ●

若要成為強權，光憑硬實力（或稱強制力）已不再足夠。擁有影響力（軟實力）也有其必要性。在自願的基礎上，利用「軟實力」來取得政治方面的支持，甚至更具成效。不過若要成為真正的強權，則必須要能同時兼顧兩者。

8 權力的再定義

　　軍事武力不再是國際權力的中心，權力的形式已變得相當多元。

　　對美國國際關係理論權威摩根索（Morgenthau）而言，「如同所有的政治一樣，國際政治是一場權力之爭」。

　　傳統的定義中，權力的特性是由作用者的能力所形塑，此能力即是能夠將本身的意志加諸於他人，或按照本身的利益改變他人的意志。利益在傳統的意義上，是弱者屈服於強者的權力關係。權力首要取決於軍隊、領土、經濟、可用財富、蘊藏於地底的原物料含量等條件的大小。領土的征服是主要的目的，它是額外權力、安全延展及未來收入的來源。包括濱海區、飛地、島嶼位置、控制過境通行權在內的地理結構，都是根本的元素。

　　事實上，這些基準有其利弊。領土太大便難以掌

控，將成為潛在的不安來源，也因此造成持續的弱化，這就是俄羅斯目前的遭遇。但俄羅斯過去面對拿破崙（Napoléon）與希特勒（Hitler）時，其領土的大小卻成為兩度拯救俄羅斯的原因。無法提供就業機會給過多的人口，將會是社會不穩定的因素。人民的教育也是構成權力的因素，但若高學歷的年輕人在職場裡無法就業的話，他們可能會遭企圖推翻政權的人所吸收，包括受脅迫而遭到吸收。一個富裕的國家若無法自衛，則可能遭外界垂涎，或成為受保護國（如科威特即是伊拉克手到擒來的目標，而此後須仰賴美國的保護）。雖然擁有資源是一項優勢，但也有可能會轉而成為內部或外部垂涎的目標。反之，即使缺乏資源，也無法阻止（或可能限制）日本與南韓投入技術研發的競賽。

一個軍事強盛但經濟衰弱的國家，會受到內部崩潰的威脅（蘇聯）；具有多元族群的社會，可以是向外部發揮影響力（美國）或形成內部衝突（南斯拉夫）的源頭。

一個領土極為狹小，或人口稀少的國家，可扮演重要的戰略角色（以色列，古巴）或發揮與國家大小

不成比例的影響力（卡達：半島電視台、2022 年世界杯足球賽）。

　　權力變得更具多元形式，更為普及，更加建立在信念與影響力上，而非建立在強迫上。征服領土的時代已告終結，自此而後，領土的吸引力（針對外國投資者、觀光客）才是重點。國家的凝聚力與社會內部的平衡愈顯重要。

　　對馬基維利（Machiavel）而言，令人懼怕較受人愛戴來得重要，而遭激發出來的恐懼屬於權力平衡的一部分。

　　令人懼怕向來是權力的構成元素，如今形象、受歡迎程度、吸引力在權力的構成元素上，也成為重要的面向。

摘要 ●

權力呈現多樣化的形式。除傳統的基準（軍隊、經濟）外，亦出現較為主觀的基準（形象、吸引力）。權力仍處於國際上日常生活的核心。

9 國際正義

國際正義起初尚未成熟，且其權限處處受制，不過仍逐步獲得聲張。

國際法院（International Court of Justice）於 1954 年設立，是聯合國主要的司法機構。國際法院並非一般法院，它只針對國家進行審判，而前提是這些國家同意國際法院的權限。

紐倫堡大審（Nuremberg trials）、東京大審（The Tokyo Trial）分別對德國與日本的戰犯加以審判。在種族滅絕罪（Genocide）於 1948 年被加以定義之前，並無法對犯下該罪行的個體執行管轄權，一如戰爭罪或危害人類罪。當時唯有國家才可以是違犯該罪行的主體，且恐怕僅能由戰勝國的司法予以裁判。

前納粹成員艾希曼（Eichmann）於 1960 年在阿根廷遭到綁架。以色列司法以其犯行具普世性質為由，聲明管轄權限。他於 1962 年 6 月 1 日遭絞刑處決。

前南斯拉夫問題國際刑事法庭（International Criminal Tribunal for the former Yugoslavia）於 1993 年成立。另一個同性質的法庭亦獲成立，以處理盧安達問題。這兩個法庭的成立都是為了相關事件所採取的相應措施，並非為了製造威攝的效果。此個別的行動因而形成雙重的問責。另獅子山特別法庭（Special Court for Sierra Leone）與黎巴嫩特別法庭（Special Tribunal for Lebanon，針對黎巴嫩前總理拉菲克・哈里里〔Rafic Hariri〕）謀殺案亦分獲成立。

　　國際刑事法院（International Criminal Court, ICC）於 1998 年設立。

　　因為國際刑事法院具有常設性與全球性的特質，使其能同時扮演懲治與預防的角色。國際刑事法院僅能審理成員國公民於其境內違犯之罪行，除非經由聯合國安全理事會交付管轄；國際刑事法院也不得審判該法院成立之前所發生的案件，且僅能審判最為重大的犯行，包括戰爭罪、危害人類罪、滅絕種族罪及侵略罪。另外國際刑事法院還得以審理締約國（譯注：《羅馬規約》〔*Rome Statute*〕）、聯合國安全理事會、國際

刑事法院檢察官交付之案件。

由於蘇丹總統奧馬爾‧巴希爾（Omar al-Bashir）自 2003 年起，在達佛犯下屠殺罪行的事實，國際刑事法院遂於 2009 年 3 月以其違犯危害人類罪發出拘捕令。非洲及阿拉伯國家對此決議發出「雙重標準」的譴責。然而奧馬爾‧巴希爾心無懸念，依舊任意往來於非洲各國，甚至前往某些亞洲國家（中國、印尼及俄羅斯）。2017 年 10 月，川普政府同意正式解除針對蘇丹的經濟制裁。國際刑事法院受理聯合國安全理事會轉介的案件，而聯合國安全理事會中若干常任理事國也並非國際刑事法院的成員國。這些常任理事國譴責以色列在加薩戰爭（Gaza War）違犯戰爭罪的事實，卻未獲得同等的關注。

國際刑事法院自成立以來，亦針對剛果民主共和國、烏干達、蘇丹、中非共和國、肯亞、利比亞、象牙海岸、馬利、喬治亞等國境內所違犯的罪行進行審理。2010 年 12 月，象牙海岸危機事件發生時，國際刑事法院便揚言可能審理該案。然而，美國、中國、俄羅斯、印度、大部分的阿拉伯國家及以色列皆非國際

刑事法院的締約國。

即使國際刑事法院的存在變得普及，其仍改變戰略上的法律面貌，除了作為威攝的角色外，還可以終結被告藉由領土獲得保護的可能性。

縱然國際刑事法院有所進展，但許多國家仍規避其管轄權限，或責備其僅對非西方領袖提出告訴，因此國際刑事法院的進展相當有限。為譴責國際刑事法院的不公平對待，包括蒲隆地、南非及甘比亞等三個非洲國家，陸續於 2016 年 10 月宣布有意退出國際刑事法院。這是第一次有國家退出此司法機構。而蒲隆地是唯一完成退出程序的國家。

2019 年 1 月象牙海岸前任總統洛朗·巴波（Laurent Gbagbo）於入獄七年後獲判無罪，這讓人對國際司法產生前功盡棄的觀感。

2018 年 3 月，菲律賓總統杜特蒂（Duterte）及其政府官員因掃蕩毒品交易，遭國際刑事法院決議以危害人類罪嫌啟動初步調查，之後菲律賓便退出國際刑事法院。

2018 年美國國家安全顧問約翰·波頓（John Bolton）揚言，若國際刑事法院企圖審問美國公民，將逮捕入境美國的國際刑事法院法官，並對支持國際刑事法院作為的國家進行制裁。

摘要 •

國際司法原先僅適用於國與國之間的關係，唯有在國家同意的狀況下才具有權限。特別法庭是為了因應後冷戰期間的衝突而設立，之後國際刑事法院獲得成立，從此扮演著懲治與預防的角色。

10 進步的民主

　　民主體制並未主宰全世界，但是它規律地向外拓展其影響力。

　　所有的國家都尚未完成民主化。現存的民主體制都有未臻完善之處，但大體走向，在資訊的發展、輿論的意識愈加擴大及輿論動員能力的作用下，讓人覺得「整個沉重的結構性趨勢是導向民主的」。

　　北韓是當今世上，唯一真正極權的國家（或許厄利垂亞〔Eritrea〕也是）。其他非實行民主體制的國家，我們可以稱為專制政權（repressive authoritariam regimes）或獨裁政權（dictatorial regimes），但兩者比起 1950-1960 年代所定義的極權（totalitaires）更是過無不及。儘管中國今日對人權的尊重仍有改善空間，但在剝奪集體與個人自由方面，已不能與毛澤東時期相提並論。

　　冷戰所呈現出來的態勢為民主體制與極權體制之間的對抗。雖然在這個時期，西方政權對於軍事獨裁或

甚至南非種族隔離制度，仍以對抗共產主義之名而予以支持。冷戰的終結並未導致歷史的終結，一如法蘭西斯・福山（Francis Fukuyama）所預言，他認為市場經濟體系與西方民主體制將加諸於世，成為一體適用的模式。這份樂觀與幾乎可謂西方的「傲慢」（hubris），讓某些人認為西方世界可以強行施加並輸出（包括使用武力）其制定的規則。

確實，隨著東西分峙告終，東歐已經擁有民主政權。1980 年代拉丁美洲的獨裁政權陸續瓦解。從此以後，取得政權的方式是經由投票箱，而不再是透過武器。即使非洲大部分國家於 1990 年初，紛紛於國內設立全國會議，然而非洲全體民主化的期望並不能保證達成，在這塊大陸上，大致上仍有民主的演進以及民主的「成功故事」。在亞洲，台灣與南韓的軍事獨裁政權過渡至活躍的民主體制，而該民主體制具備強大的公民社會。

突尼西亞革命所顯示的，是專制政權無法永遠躲避受過教育的人民所發出的抗議。這場革命撼動整個阿拉伯世界，甚至阿拉伯世界以外的地方。反之，敘

利亞的情況所顯示的，是一個遭人民強烈抵制的政權，可以透過大規模鎮壓的手段（及外國軍隊的馳援）加以維繫。

針對民主體制的普及，一般犯有兩個錯誤。某些政治負責人或西方知識分子秉持文化相對論（Relativism），認為民主不適合亞洲或非洲國家。另一個錯誤則是從外部強加（包括使用武力）民主體制。這兩種態度均顯露出一種優越感，且未考量到嚮往民主是一種普遍的心態，說要落實民主還得配合各國內部的特定政治時機才行。

人民處於被動的時代已經改變，人們愈來愈將自己的命運掌握在自己手中。雖然這不代表民主不會倒退，且資訊取得的過程中並無摻雜假訊息，但大致上人民掌控自己的命運是不可逆的走向。

在遍布五大洲的世界各地，根據歷史及各國本身的民族性，人民的聲音愈來愈能被聽見，因而能影響決策。

即使 2018 年極右派勢力在歐洲增長，且「強人」（如美國川普、俄羅斯普丁、巴西波索納洛〔Bolsonaro〕、

菲律賓杜特蒂、土耳其艾爾多安〔Er-dogan〕等）再度牢牢掌權，但長遠來看，他們並無法阻止這不可逆的民主化走向。

摘要 ●

在經濟發展、教育及更易取得資訊的作用之下，世界各地的民主持續進展。儘管專制政權依然存在，但極權政權已經（或幾乎已經）消失。

Chapter 5

11 個議題

1 邊界的終結

　　全球化伴隨流通、網絡與貿易的發展，這些現象意味著領土與侷限領土的邊界已然終結。

　　全球化的世界應是去領土化的世界。邊界無力阻擋或中止金融交易，貨物、人員及各式觀念的自由流通。資訊及通訊新技術又進一步削弱邊界。若邊界變得更容易滲透，則其將形同虛設。

　　我們首先可以說邊界已呈倍數增長。過去 20 年來國家數目增加，使得邊界也順勢延伸，看不出有止息的跡象。菲利斯・福格（Phileas Fogg）若是在現今環遊世界八十天，技術上似乎會容易許多。他是朱爾・凡爾納（Jules Verne）於 1873 年所出版著作中的主人翁。不過有別於這名主角的情況，現實中應該沒有人甘冒風險，在「連那個年代都嫌太短的期限內繞完地球一圈」這種不可能的事情上，押重金來賭注。故事中菲利斯・福格在幾經波折之後，最終安然返回。如今環

遊世界可能會有更高的危險性。另外，僅憑一張名片並不足以跨國旅遊，如今前往多數國家必須持有護照和簽證。邊界的消失並非對所有人而言都具有相同的意義。對於一個歐盟成員國的公民而言，前往一個非洲國家度個幾天假不但簡單且相對便宜。反之即不見得如此。在大部分的情況下，一個非洲人若想踏進歐洲大陸，他可能會利用走私的管道，歷經一段漫長、危險且昂貴的旅程。他無法確定是否能夠安然抵達目的地，甚至還可能因此喪命。

全球化所導致的人員流動已經形成新的障礙。基於領土征服、安全或遏制移民的考量，以色列在巴勒斯坦領土上築牆、美國在本國邊界對墨西哥築牆、摩洛哥在西撒哈拉築牆、歐洲人在位於摩洛哥境內的西班牙屬地休達（Ceuta）與麥里亞（Melilla）以及巴爾幹地區築牆、沙烏地阿拉伯在己方邊界對伊拉克築牆、突尼西亞在本地邊界對利比亞築牆。

仍然存在的以色列—巴勒斯坦衝突問題，遠比領土與邊界的糾紛問題還人。這場衝突迥異於表象或經常呈現的樣態。它並非宗教性的衝突（兩造的目的並

非為了強迫對方皈依在本身的信仰之下），而是牽涉到阿拉伯人與猶太人之間，針對二次大戰後巴勒斯坦託管地的分配問題，或應該說，如何將這片土地全部占為己有的問題。北緯 38 度線仍然是劃定兩韓分野極為危險的界線。分離台灣與北京方面的原因不再是意識形態，而是知道世上存在一個或兩個中國的問題，簡言之，是知道台灣土地是否屬於中華人民共和國的問題。世界各地存在著不同分離主義的推力，這清楚顯示許多政治行為者的意志，包括控制自己的領土，且在事實或法律上，讓由邊界所界定的領土控制能獲得外界承認。

邊界問題依舊是地緣政治領域中最敏感的議題。簡單且合理來說，國家依然是國際關係中的要角。此外，即使全球化縮短了世界各地的距離，卻沒有使競爭關係畫下句點，而領土及其劃定的邊界，仍然有其存在的必要。

摘要

即使全球化重新改變了時間與空間的概念，縮短了距離，卻仍舊無法擺脫為控制而施行的領土、邊界及競爭概念。邊界仍然是地緣政治、國際生活與國家定義的核心。

2 一致的全球化

　　全球化是描繪當代世界最常用的一個術語。然而，它卻不是一個全新的現象。

　　全球化的第一波浪潮始於 1492 年，開啟了地理大發現與環遊世界的時代。過去缺乏聯繫的世界各地開始了第一類接觸，也換來了美洲印第安人的生存大災難。19 世紀的工業革命則掀起了第二波浪潮。一連串的技術革新改變了時間和空間的關係，例如電報、電話、蒸汽機，而蒸汽機裨益鐵路的問世，鐵路又翻轉了既存的領土秩序。蒸汽輪船革新了海路運輸（與戰爭）。汽車運輸亦改變空間的關係。稍後出現的航空器，也進一步打破人類與空間的關係，扭轉了時空的概念。

　　第三波浪潮的特色在於貿易、投資及資本的自由化，創新通訊方式及其低廉的成本大大縮短了時間與空間。

　　伴隨全球化而來的，除了蘇聯及其帝國的內部崩

解，連帶消除了分裂歐洲的鐵幕外，還有資訊及通訊新技術的發展。地緣政治與技術革新的結合將顛覆世界地圖，均勢狀態及領土競爭。同時，過去無法逾越的政治壁壘與技術障礙亦隨之瓦解。

　　根據馬素・麥克魯漢（Marshall McLuhan）的說法，世界是一個地球村（Global village）此景已經成為現實。我們可以對發生在地球村的一切一目了然，如同在一個真正的村子一般。我們眼見世界文化的標準被建立起來。

　　美國社論專欄作家湯馬斯・佛里曼（Thomas Friedman）在其全球暢銷書總結出「世界是平的」（The World Is Flat）。數位化革命消除了貿易和政治邊界。不再只有國家或是跨國公司才能建立關係或競爭，個人也可以透過網絡，尤其是網際網路加以建立。

　　戰爭的目的令人無法忍受，因為戰爭會切斷貿易。

　　然而，別忘了世界上還有絕大部分無法使用網際網路的地方。數位化的落差取代了原本的北南落差，此現象不僅發生在已開發國家與未開發國家之間，也存在於每個國家內部之中。

此外，全球化至今尚未能建立起所有人都能夠接受和遵守的共同規範。儘管世界已經縮小了，競爭與衝突卻始終存在。

人們常常提起「國際社會」（International community）一詞，但其真實性仍有待驗證。「國際社會」於2015 年 12 月簽署巴黎協議時獲得體現，但美國總統川普上台不久後便廢除該協議。

在此尤其須強調，即使全球化無疑地讓數億人擺脫貧困，它卻也同時加劇不平等現象。

在早期工業化的國家中，全球化引發下層階級的不安全感與降級感，從而導致對這種全球化的反彈。

摘要 ●

全球化的新浪潮徹底顛覆時間、空間與距離的概念。然而，全球化在世界各地卻產生不同的效果。區域依然呈現多樣化的面貌，並沒有一體適用的全面性標準。

3 軍事權力的弱化

　　軍事權力儘管在冷戰結束之後還不至於過時，卻在全球化時代下遇到了各種瓶頸。

　　軍事力量長久以來都是權力與決定地緣政治均勢的根本元素。軍事力量可以讓一個政治實體滿足其對領土的胃口，同時也能阻撓敵對勢力對領土的垂涎。靠著軍事力量，過往偉大的帝國方得以建立，然而卻也在敵人的軍事力量打擊下而瓦解。在一個國際法效力不彰或不存在的世界中，軍事權力是生存的首要條件。

　　一直到二十世紀中葉，戰爭都被視為國與國之間關係的手段之一。戰爭既不違法亦非不正當，它是國際間最受認可的手段之一。擁有強大的軍隊是維護主權的絕對必要條件。

　　第一次世界大戰後，「和平—仲裁—裁軍」三部曲以及國際聯盟（League of Nations）均曾被寄予厚望，

但卻不敵對立的升高與第二次世界大戰的衝擊。

　　為了控制世界而形成的東西對峙，理所當然使莫斯科與華盛頓之間挑起了軍備競賽。由於雙方軍事優勢凌駕其他國家（包括其盟邦），蘇聯與美國方得以領導各自陣營，並被視為「超級大國」。

　　冷戰結束時，軍事因素等同於權力的標準再度受到質疑。首先，人們將蘇聯內部的崩解歸咎於其過度追求安全，而忽略了對內經濟和社會發展的成因。蘇俄威脅的消失在西方世界形同軍事力量威脅的終結。軍事權力被認為是無用（敵人不復存在）且危險（優先把資源放在國防，將弱化一個社會的經濟）。

　　「歷史的終結」或「世界新秩序」的幻覺消散，抱持著戰爭（亦即軍事權力）將不再有理由存在於世的希望落空。冷戰的終結並非衝突的終結，它只不過是改變了意涵，即震撼地球的衝突不再讓身為要角的華盛頓和莫斯科自發對立，而內戰與國際間的戰爭，仍是一團混亂。

　　即使在 1990 年初所談論的「和平紅利」（dividendes de lapaix）讓某些人充滿希望，但談到要減少軍費支出

這件事卻從未實現，這讓另一部分的人感到恐懼。相反地，全球軍費總開銷不斷地增加，如今已達到約 1兆 7 千億美元，其中光是美國就占了將近 50%。攤開人類歷史，一個國家支出全球軍事開銷總額的一半，實在也是前所未見。

然而，今日軍事權力的意義不同以往。它不再是絕對安全的保證。2001 年 9 月 11 日重創美國的恐怖攻擊，其成本據估計僅介於 10-50 萬美元之間。而當時美國的軍事預算卻是 2,800 億美元。即使國防預算如今又增長了幾乎三倍，美國也沒有絕對的安全感。儘管美國無懼任何來自他國的威脅，但面對不對稱及國家層級以下（如恐怖組織）的威脅，卻總是覺得自己很脆弱。

美國軍事的超級強權在國外的戰場上不再無往不利，也無法展現更高的效率。儘管 2003 年對伊戰爭中的頭幾天大敗伊拉克軍隊，但美軍很快便陷入伊拉克戰場的泥沼之中。即使 2001 年阿富汗的塔利班政權遭輕易顛覆後，西方聯軍的士兵們卻苦尋撤離阿富汗的出路，他們想知道自己在防止塔利班政權重新掌權這

件事上，究竟還能撐多久。

2006 年 7 月，儘管以色列軍隊以懸殊比例的優勢兵力面對黎巴嫩的真主黨（Hezbollah），或加薩走廊的哈馬斯（Hamas，巴勒斯坦伊斯蘭遜尼派組織，2008 年 12 月、2009 年 1 月、2012 年 11 月、2014 年 夏、2018 年 5 月），卻始終無法對敵人造成傷害。

軍事權力讓人產生無所不能的錯覺，有礙外界看穿其侷限性。拿破崙就曾經在西班牙陷入膠著，且其部隊在推進俄羅斯時太過深入敵後，進而承受了苦果。希特勒也同樣產生了自己可以在東西方兩個戰線同時作戰的錯覺。

軍事權力必須搭配精巧的政治手段，否則很快就會出現其侷限性。

不過軍事範疇仍是權力中可以被取代的元素。一個依賴他國提供安全的國家，或者感受到軍事威脅的國家，其政治操作的餘地將會減少。沙烏地阿拉伯（與整個波斯灣阿拉伯國家）或日本的安全須仰賴美國，這都賦予美國實質的政治優勢。

軍事權力不再是有效控制領土的保證。駐紮某領

土的外國武裝部隊，雖然會對抵抗加以壓制，但長期下來卻無法征服該領土。即使最初被視為前來解放的部隊，也會很快被當成是占領軍。

摘要 •

後冷戰時期，有些人認為軍事權力已經失去適切性。蘇聯的瓦解不代表對抗與衝突的結束，人們很快地就意識到，軍事力量仍然是維護主權不可或缺的元素。對領土與人民所進行的軍事占領，此後將愈發成為被拒絕的對象，不只代價高昂外，亦將難以為繼。

4 資訊及通訊新技術 ——促成透明的民主 還是新極權主義？

資訊及通訊新技術（Information and communications technology, ICT）顛覆了公民與政府權力之間的關係。

這些新技術引發迴異的迴響。首先，新技術有利於獲取知識及更廣泛地傳播訊息。新技術不再只為少數菁英服務，而是可以造福更多的公民。維基解密（WikiLeaks）讓全世界都能一窺外交電報，而這些權利向來只專屬於少數政治領導人與職業外交官員。某些人將其視為人民在外交機密上的勝利，因為這些外交機密遭指控違反了人民的利益。其他人則抗議此舉對外交工作所帶來的打擊，因為外交談判若公諸於世，很快就會面臨失敗的結果。外交斡旋所需的時間不能隨新聞媒體的節奏起舞，因為輿論總是巴不得馬上得知最新消息。另一個更強烈的論點是，完全的透明帶

有極權主義的內涵。即使世界上不再有機密，難道個體就不會受到威脅？當前的技術為極權主義的權力提供可能性，監視人民的方式遠比喬治・歐威爾（George Orwell）著作《一九八四》（撰寫於 1948 年）中所杜撰的場景更具成效。而維基解密的擁護者堅稱，公開透明的目的不在於讓政府掌控人民，然而實情正好相反。

網際網路與手機代表自由和機動性，但同時也允許密切地追蹤個人行動與喜好。灌輸與心理制約不再如同二十世紀初那般，需動用大量的人力工作，而是透過對每位消費者的個別追蹤來實現。

然而，一個國家可利用搜尋社會政治或安全主題的關鍵字方式，來阻擋某些訊息的傳輸。因此，就網際網路而言，無遠弗屆的資訊流通始終存在可能的地域限制。但限制其公民使用資訊與通訊新技術的國家，在現代化與技術發展方面將承擔後果。此外，還是有某些工具可用來排除這些障礙。

網際網路不需強大的手段便可動員群眾。手機也能夠即時錄下鎮壓場景，並將這些畫面傳送出去，即使一開始並無任何外國記者置身現場。

資訊及通訊新技術立基於權力下放與個體責任。它們難以兼容於對公民自治及其行動自由存疑的政治制度。

　　蘇聯之所以自內部崩解，在於其面臨經濟現代化的種種難題，其中關鍵處就在於它無法應付此類的技術革新，儘管他們曾於 1950 年代經歷過工業革命。但是 1987 年，蘇聯只有 10 萬台個人電腦，而美國的年產量則高達 500 萬台。

　　2011 年 1 月發生在突尼西亞的「茉莉花革命」，正說明了網際網路與社群網絡在政治動員中的重要性。在媒體受到嚴格審查且明令禁止政治討論的國家，網際網路可使該國人民獲得資訊、交換意見並動員起來。一個總人口 1,100 萬的國家，卻有 400 萬的網民，因此絕不可能阻絕人民獲得外界訊息。

　　同樣地，計有將近 8 億網民的中國，讓中國公民更容易發表言論。然而反對政權的言論卻受到限制。該政權同樣還可利用社群網絡來對人民進行監控。由過往經驗來看，面對資訊及通訊新技術所提供的自由與彈性，執政當局與相關機構抱持著更大的不信任感，

而一般人民則是普遍熱衷。事實上，政府和相關機構本身也在調整，將資訊及通訊新技術加以利用。

2013 年，前電腦工程師愛德華・史諾登（Edward Snowden）就曾透露，美國的行政部門監視全球數百萬的私人電子通信，甚至連德國總理梅克爾（Angela Merkel）都在其中，各國領導人的手機都無法倖免。2016 年，俄羅斯遭指控透過偏頗的社群媒體與假帳號，干預美國總統大選。只是這些動作是否對最終結果產生任何影響，尚無法蓋棺定論。

儘管資訊及通訊新技術的發展引發若干爭論，諸如可能濫權，因為沒有隱私導致沒有私人生活的體制而形成各種危害，但一個沉穩的結構性趨勢依然會應運而生，包括公開透明化、資訊更加流通、知識與學識更廣為傳播等趨勢。

資訊及通訊新技術產生了一個間接的問題，即大企業的經濟（也是政治）權力。GAFA（Google、Apple、Facebook、Amazon）透過資料的掌控及其金融手段，獲取了名副其實的戰略影響力。

摘要 •

資訊及通訊新技術既可以是操控（即束縛人民）的可能工具，也可以是資訊與通訊自由流通的絕佳方式。這些技術將在未來扮演更重要的角色，且改變人民與當權者之間的關係。朝向更加透明化與人民擴權的結構性變動，似乎已不可避免。

5 干涉

　　干涉，是 20 世紀末地緣政治領域中最激烈的爭論主題之一，而各方對此主題的分析對立紛陳。

　　「干涉」是地緣政治最根本的主題，「干涉」妨礙主權，並對該由政府完全控制其領土及其人民的原則帶來挑戰。

　　對於支持者而言，「干涉」可以反擊未被懲處的獨裁者，形同「人道審視權」（droit de regard de l' humanité），並加以運用在該國內政上。對於反對者而言，「干涉」會隱藏西方國家的新殖民意圖，假借人道主義原則，限制南方國家新近且得來不易的獨立。

　　主權與「干涉」原則，兩者皆是二次世界大戰的遺緒。主權旨在保護弱國免受強權國家的覬覦，並阻止強勢者擅加本身的意志。「干涉」的目的，則在防止犯罪政權（即強勢的政權）迫害其人民（相對於國家屬於弱者）或犯下戰爭罪、違反人道或種族滅絕罪刑

的政權迫害其他人，卻逍遙法外的情況。

「干涉」是全球化的一項副作用，因為它是結合國際舞台上漸成要角的非政府組織（NGO）、其日益吃重的分量、各組織彼此所加諸的相互影響、媒體與輿論以及因距離縮短，因此能同時獲得較佳的資訊以及更多可能的外部干預。於是「干涉」被無限上綱到可以跨越邊界，且被認為是基於利他主義而對他人的不幸所產生的掛慮心態，也是拒絕對發生在遠方的自然或政治災難，抱持事不關己或譏諷的態度。

但是對某些人而言，「干涉」只不過是將人道干預重新定義，如同十九世紀歐洲國家的人道干預，不過是高舉保護僑民或同宗信仰者之大旗，發動片面的軍事行動。

實際上「干涉」存在若干歧義。事實上，只有強權方能在較弱勢的國家執行「干涉」行動。因此長久以來南北國家即存在「干涉」面的不平等。誰能決定「干涉」是否具有正當性，誰又能進行「干涉」？南方國家從來就沒有機會對北方國家進行「干涉」。此外，「干涉」也可以因地制宜。當侵犯人權的行為發生時，

會有國家進行干預。只是當侵犯人權的國家是敵對國或西方國家的競爭對手時，侵犯人權的感覺就會非常明顯，而侵犯人權的國家是友邦時，西方國家便視而不見。這就解釋了為什麼「干涉」在北方國家的輿論中廣受青睞，而在南方國家，無論民主與否，「干涉」都極度不受歡迎。甫獲獨立的南方國家之所以反對「干涉」權，不是馬上就讓我們聯想到的「獨裁者反對民主擴張」那麼簡單，而是獲得主權的國家意在捍衛其主權。印度、南非或巴西這些南方的民主大國，都是和俄羅斯與中國一樣反對「干涉」的案例。

有三種現象的作用，會在將來促使「干涉」權的成效漸趨式微。首先，過分「干涉」會使人們質疑由此概念所產生的利益。伊拉克戰爭正是以某種形式的「干涉」名義所引發，而其招致的災難（及伴隨戰爭而產生的諸多謊言）讓西方輿論中最有利於「干涉」的若干範疇受到戕害。第二個現象則是，隨著世界其他國家崛起，西方世界權力的壟斷權喪失。其結果就是西方世界在整個國際舞台上不能再像從前那般任意行事。最後，第三個現象是關於國際正義的主張，它

以一種更為普遍的方式來質疑獨裁者未被懲處的情形，
且似乎不像「干涉」那樣偏頗。

摘要 •

北方國家視「干涉」為一種道德義務的干預，透過它可以不
至於對其他國家的不幸麻木不仁，但南方國家卻意識到「干
涉」具有新殖民主義式的宰制意圖。由於「干涉」勢必只有
強權國家才有辦法加以執行，因而備受質疑。在面對國際司
法更加一體適用的規範，「干涉」行為理應予以汰除。

6 國家的揚棄

　　國家在國際行動中已失去壟斷權。雖然它仍然是國際行動的要角。

　　傳統地緣政治的分析聚焦於國家。地緣政治一向是在分析為了領土控制所做的競爭現象，國家雖然不是地緣政治唯一的角色，但長久以來都是要角。控制領土的是國家。此外脫離國家主權的領土被稱為「無主地」（Terra nullius）。在傳統地緣政治中，國家被認為是國際上唯一的主角。發動戰爭是為了征服新的領土。邊界的異動端視戰爭的勝敗結果。

　　雷蒙・艾宏（Raymond Aron）於 1962 年出版其專論國際關係的巨著《國家之間的和平與戰爭》（*Paix et guerre entre les nations*），他對國際關係的定義是「國家之間的關係，在『國際關係』的準則中，國家等同於任意一個其領土經過安排後的政治集合體。姑且把國際關係說成是各政治單位之間的關係，而國家間的關

係本質上不是戰爭就是和平。」

這是「西發里亞」（westphalien）體系（與 1648 年所簽訂的《西發里亞和約》〔*Peace of Westphalia*〕有關）運行的邏輯，該和約終結了三十年戰爭（Thirty Years' War），並認可國際組織最重要的原則——正是國家的主權。

賓拉登（Osama bin Laden）、比爾・蓋茲（Bill Gates）、朱利安・亞桑傑（Julian Assange）、國際奧委會（IOC）、國際特赦組織（Amnesty International）、無國界醫生（MSF）、波音公司（Boeing）、好萊塢（Hollywood），這些例子顯示，即使不是國家，也能採取別具意義的國際行動。儘管達賴喇嘛是這世界上舉足輕重的人物，那也是因為他作為精神導師的身分，而非一個流亡的西藏政治領袖。

全球化、各類元素與網絡的發展以及邊界的消失等因素，皆已挑戰了國家無所不能的地位。但即使國家不再具有壟斷國際行動的地位，它依然是要角。其他的行動者也都試圖轉往國家要角的方向邁進。雖然非政府組織（NGO）具有高度動員、專業技術及影響

公眾議題的能力，但卻只有國家才有資格簽署對抗氣候暖化的協議，或禁止某類武器的公約。即使多家跨國公司的營業額高於許多國家的國民生產毛額，跨國公司還是無法如某些諷刺漫畫所呈現那樣，去支配那些國家的行為。撇開賓拉登浮誇的言詞外，他的主要關注與核心目標仍放在沙烏地阿拉伯（賓拉登為沙烏地阿拉伯人）。而「伊斯蘭國」的名稱也具有特殊含意，突顯對恐怖組織而言，國家仍是極具聲望的概念。而在他們之前的恐怖組織，本質上是把恐怖行動去領土化。維基解密之所以造成如此巨大的衝擊，乃是因為它讓一般大眾可以取得被認為屬於國家機密的內容。

以主權基金（SWF）的成立為例，尤其說明國家並不全然自外於經濟市場。即使在 2008 年全球金融危機之後，若說有些國家未實施嚴格的金融法規，也只是這些國家自行決議不為所動的原因所導致。

摘要 •

國家長期以來都是國際中唯一的行為者，且擁有權力的壟斷權。即使其他行為者（國際組織、非政府組織、跨國公司、恐怖組織等）在國際舞台上與其展開競爭，國家仍永遠位居中心地位。

7 戰爭私有化

　　過去的僱傭兵如今已被國家官方委外的民間軍事公司所取代。

　　往昔君主立憲國家會常態僱用盟邦的外籍軍團。英法百年戰爭（HundredYears' War）期間，龐大的軍隊只顧自己恣意行事，雖靠百姓維生卻未提供百姓任何保障，完全反其道而行。

　　自法國大革命以及具象徵性的瓦爾密（Valmy）戰役（這是為了拯救「陷入危機的祖國」所進行的動員）以來，人們可以為了捍衛國家而戰鬥，並為國捐軀的觀念深植人心。這個觀念引起普遍性的國家動員，而建立的國家軍隊所導致的戰爭讓人類付出了更高昂的代價，並在第一次世界大戰攀向戲劇性的高峰。兵源的充沛與戰爭的工業化正好解釋了死亡人數的急速增長現象。為祖國而戰的觀念讓其他類型的軍事動員相形失色，且降低了該類動員的重要性。1960 年代獨立

戰爭風潮後，出現了僱傭兵或「迷失的士兵」（soldats perdus）。日內瓦公約將這種僱傭兵定義為：「一個在某國或外國被特別招募，用於武裝衝突中作戰的人員，該員直接參與戰鬥，目的在於獲取個人利益以及較招募國軍隊人員更優渥的報酬，且其並非衝突一方的國民。」如今，僱傭兵的形象已與祕密和犯罪活動，以及妨礙人權的下流勾當等情事相連結。

自 1990 年代起，民間軍事公司如雨後春筍般出現，這種新形態的僱傭軍或預備軍，也被稱為「企業家的僱傭軍」（mercenariat entrepreneurial）。與 1960 年代的僱傭兵相較，差別不在於其活動與國家之間的關連（過去原本就有這層關連），而是其存在的公開本質（不再是祕密）以及發展的規模。他們是直接與西方國家（主要是美國）國防部打交道的正式公司，負責執行向來交由軍隊去執行的任務。這導致了戰爭的私有化，所伴隨的是廣大公共服務私有化的行動。這現象所造成的影響自然具有差異性，因為軍事權力一向是主權國家的核心。之所以藉助此類組織，一方面是遠方的衝突與日俱增，但國家自身安全並非這些衝突的主旨，

另一方面是可以平息外界對死亡數字的評論。藉助私人武力也可以避免讓國家直接承擔責任。

然而，僱傭軍形成許多問題，例如對武力的使用是否獲得民主的控管，主權授權的程度如何，受託人員較不受監管、訓練較為不足，以及較不聽命國家層級的號令，這些狀況輕易便能導致情況失控而開火。

民間軍事公司可能對全球安全構成威脅，因為它們只著眼於獲取私人利益，並從衝突的延續中得利，以維持其收益。和平反而對它們帶來威脅。而內部勢力均衡並受國家青睞的軍事工業聯合體（complexe militaro-industriel），則可能加深對國家利益的戕害。

這些公司的任務範圍可歸納為：軍事行動與部署的後勤支援、武器系統的維護、場所的保護、人員的保障，在國內或海外對軍隊與警員的培訓、情報的蒐集與分析、囚犯的關押與審訊，甚至也可以進一步參與戰鬥。

民間公司免受戰爭法（Law of war）的規範（卻因此常遭正規軍蔑視）。據估計，全球軍費支出約為 1.7 兆美元，民間軍事公司的全球市值估計達 1 千億美元，

其中一半以上來自美國。民間軍事公司在阿富汗和伊拉克的團隊數排行第二，僅次於美國軍隊，並多過歐洲盟軍。

然而，私有化也有其侷限性。就輿論的角度，民間公司的行動都與派遣國有直接關連，後者豈能如此輕易推卸其政治責任且擺脫輿論的批判。

一旦放寬對民間軍事公司的控制，國家會面臨承擔責任的難題，同時其決策權將會出現被削弱的情形。

摘要 •

民間軍事公司在軍事行動的地位愈形重要，尤其是在美國。之所以會藉助這些公司乃是基於實際的考量（具有彈性，國家的牽涉程度較低），但這些公司會造成掌控、訓練與責任的問題。民間軍事公司會產生複雜的利益衝突，藉助其服務的國家亦包括在內。

8 原物料

　　無論是農業還是礦業，擁有原物料一向是國家權力的構成元素。

　　人類攫取原物料的意志，源自十五世紀末與十六世紀初的地理大發現。農業上的自給自足是權力的決定性因素。拿破崙就曾試圖透過大陸封鎖策略來扼阻英國。煤炭生產是 19 世紀英國崛起的關鍵元素。20 世紀初，美國前 12 大企業中，就有 10 家的主業是開發自然資源。所有於 19 世紀與 20 世紀初致富的國家，都擁有大量的自然資源。

　　冷戰結束與全球化使得「擁有自然資源是否為權力的決定性標準」再度受到質疑。首先，世界上擁有多樣資源的國家，其中一個最重要的蘇聯，卻是從內部瓦解，擁有原物料並沒有阻止其走向敗亡。相反地，幾乎資源全然匱乏的日本，卻擁有世界第二高的國民生產毛額（GNP），且在同時間仍持續增長，未曾停止。

資訊及通訊新技術，所有根源於掌控知識和技術領域中的一切，似乎都取代擁有原物料，成為權力的決定性標準。此外這些技術與知識還具備其他優勢，即不需要先持有特定的土地，只要在任何有人會安排接納並發展的地方，便可進行開發。石油蘊藏地點無法被更改，但是像矽谷（Silicon Valley）在地理上，並沒有成為科技大城的先決條件。

　　然而原物料與自然資源的重要性走向下坡的情況並沒有持續太久。世界人口的增加，尤其是許多國家的經濟崛起，加上這些資源相對稀有化，都使得這些原物料與資源重新取得了最重要的地位。能獲取日用品又變得至關重要，且掌控能源的原物料、食品以及稀土金屬（為製造高科技產品所不可或缺的物質）之競爭再度呈現白熱化的狀態。然而，全球經濟成長放緩以及石油生產過剩，導致了 2015 年油價的下跌，之後才穩定下來。

　　俄羅斯在很大的程度上，仰賴石油與天然氣的生產，才得以恢復其國際地位與經濟發展。波斯灣地區的產油國，尤其是人口不多的國家，受益於石油和天

然氣價格的上漲，紛紛收購美國和西歐的企業。

　　冷戰結束時備受忽視的非洲大陸，再次因其油源與礦藏而受到外部勢力的吹捧。特別食髓知味的中國，透過建造基礎設施來干預非洲國家的發展，以換取開發權。在 2018 年 9 月所舉行的中非合作論壇（Forum on China-Africa Cooperation）上，中國承諾在未來三年內挹注非洲大陸 600 億美元（綜合捐款、投資及借貸）。

　　然而，擁有原物料可說是福禍相倚。在全世界 53 個天然資源豐富的國家（即將四分之一以上的預算收入用於開採活動），其中有許多反而是全球最貧窮的國家。豐富的原物料會導致領導者對開採所得的管理不彰。腐敗、浪費及「荷蘭病」（Dutch disease，出口的收入會造成本國貨幣升值，使得承受國際競爭的其他出口產業吃虧，從而喪失競爭力）使原物料豐富的國家得到負面的影響。這尤其會是許多內部衝突的根源。武裝叛亂團體或墮落的游擊隊從事軍事活動，往往並非出於政治目的，而是為了從採礦收入中獲利，也讓它成為其財源。擁有豐富礦產資源而符合「地質醜聞」（scandale géologique，譯按：一個擁有豐富礦產資源

卻無法提供人民良好生活水準的國家）稱號的剛果民
主共和國，為世界上最不發達的國家之一，肇因於其
領導者的胡作非為、遭國內武裝團體剝削，以及介入
其豐富地質的外部勢力。

摘要 •

自 19 世紀至 20 世紀初，作為權力基本要素的原物料，其戰
略的重要性隨著冷戰而結束，接著資訊新技術的出現時更逐
步降低。然而許多國家的經濟崛起，為原物料創造出極為有
利的條件，即使對某些國家而言，原物料所餵養出來的貪婪
胃口替自己帶來了禍害。

9 全球化下的體育競賽

　　世界杯足球賽與奧運已成為全球化下的體育競賽，也為地緣政治的競爭關係創造了新的空間。

　　當皮耶・德・古柏坦（Pierre de Coubertin）有意復興奧運時，他考慮的不僅是透過體育來促進和平，同時也想重新使法國年輕人對體育文化感到興趣，讓他們在面對德國時，能在軍事上作好更充足的準備。之後，人們很快便能衡量奧運及後續的世界杯足球賽，對於政治與地緣政治所帶來的影響。第一次世界大戰後，戰敗國被排除在奧運之外。在法國，決定足球賽事的對戰國隊伍是外交部。1904 年美國的聖路易奧運中，參賽者絕大多數是美國人。1930 年所舉行的第一屆世界杯足球賽，只有四個歐洲國家被允許前往地主國烏拉圭參賽。1934 年，墨索里尼意在將義大利世界杯足球賽塑造為宣揚其政權的工具。希特勒依樣畫葫蘆，藉由 1936 年的奧運會（德國在他掌權之前取得主

歷屆奧運會的主辦城市（1896-2028）

日本 ② ②

澳洲 ②

南韓 ① ①

中國 ① ①

俄羅斯 ① ①

芬蘭 ①

挪威 ②　瑞典 ①

德國 ① ②　奧地利 ②　南斯拉夫 ①　②希臘

荷蘭 ①

英國 ③

比利時 ①

瑞士 ②

法國 ③ ③

西班牙 ①

③ ① 義大利

巴西 ①

加拿大 ① ②

美國 ⑤ ④

墨西哥 ①

① 夏季奧運會舉辦次數
（1896-2028）

① 冬季奧運會舉辦次數
（1924-2022）

247

辦權），向世人展現德國已重返國際社會的態勢。但兩國主辦賽事也引起諸多針對法西斯和納粹政權的批判。

美蘇交手的冷戰，除了體現在尋求五大洲的盟友與戰略支持上，以及在坦克、飛機與核武的數量上外，還包括在奧運獎牌的數目上。獲勝攸關所牽涉的政權孰優孰劣的問題。儘管東德人數相對較少，卻仍想方設法（包括藉助大量興奮劑），欲在獲取獎牌上力壓西德這個兄弟之邦。法國在經過 1960 年羅馬奧運的失敗洗禮後，向來不太熱衷體育競賽的戴高樂將軍（général de Gaulle），決定籌辦國家級的高水準體育競賽。他認為法國值得擁有這襲威望。東西方對峙終結，即使全球意識形態的競爭告終，國家之間的對抗卻仍未結束。全球化下的體育競賽始終是威望和權力對抗的事務。對中國而言，2008 年在自家舉行的奧運上，用金牌數取勝是至關重要的。

這些體育競賽具有戰略重要性，特別是其中最重要的奧運和世界杯足球賽兩項賽會，個中因素有二。賽事本身的吸引力讓觀賞人數不斷增加。電視創建出一個虛擬的世界場館，讓每個人都能入場就座。世界

杯足球賽的冠軍戰是全球收視率最高的體育賽事。此外，在權力的重新定義中，形象、威望及軟實力，占有愈來愈高的地位，而在體育競賽中取得的勝利，亦提供權力一個嶄新且重要的定義。優勝者形同親善大使，其影響力超越國界，也比國家元首更受歡迎。

體育競賽的舉辦也成為激烈競爭的標的。川普甚至揚言要對那些不投票支持美國、墨西哥、加拿大三方共同舉辦 2026 年世界杯足球賽的國家進行報復。無論是取得主辦權或是競賽期間，兩者都被他視為一個能成為世界中心的機會。對一個國家而言，無疑是難得一見的展示契機。國際奧林匹克委員會（International Olympic Committee）與國際足球總會（International Federation of Association Football）都有意做出貢獻，藉由其決議，寫下地緣政治的歷史。透過授予日本東京 1964 年的奧運主辦權，讓有關日本的一切擺脫第二次世界大戰的陰影。1972 年的德國也是同樣的道理。1980 年奧運主辦權是在「緩和政策」的全盛時期決議授予莫斯科，卻在之後新冷戰的態勢中遭西方國家聯合抵制。南韓漢城（今首爾）的獲選乃是伴隨該國的民主化與

發展而來。2008 年北京奧運則是確認中國的崛起，它已成為一個強權大國。2016 年奧運主辦權之所以授予巴西也是基於相同理由。另外，2010 年南非被授予世界杯足球賽主辦權、2018 年的俄羅斯，接著 2022 年的卡達，都是依循此一脈絡。

2010 年所顯示的是，非洲並未被排除在全球化之外，且它能迎接舉辦如此重要賽會的挑戰。俄羅斯歷經 1990 年代的劇烈衰落之後，盼來了重返強權大國地位的機會。最後，卡達將成為第一個舉辦全球性體育競賽的阿拉伯與穆斯林國家。

至於法國與巴黎，則打算藉由舉辦 2024 年奧運的契機，促進內部動員與國家推廣，尤其是在國際性的觀光項目上。

摘要　•

體育競賽始終被用來作為強權之間彼此競爭的一環，而勝利可鞏固國家的威望。隨著全球化的發展，尤其是電視的普及，令該現象大大獲得彰顯。「軟實力」的權力高漲更強化此一趨勢。儘管此議題偏重象徵性意涵，但其實際性與重要性並不亞於其他議題。

10 歐洲正在衰退？

　　冷戰結束時，歐洲大陸似乎前景光明，能讓世界領導的火炬再度橫跨大西洋傳遞而來。蘇聯自內部崩潰，美國看似正在衰落，日本停滯不前，而中國才剛開始起步。蘇聯的威脅消失，隨著前華沙公約組織（Warsaw Pact）國家的加入，使歐洲得以鞏固安全，並展望於東擴。1992 年的《馬斯垂克條約》（*Maastricht Treaty*）打開共同外交政策與單一貨幣的願景。身為「經濟巨人」的歐洲，將不再只是一個政治侏儒。然而這些期盼轉眼成空。

　　如今歐洲悲觀主義（europessimisme）壟罩。當其他各大洲的經濟正加速發展時，歐洲的經濟卻死氣沉沉且似乎停滯不前。歐洲遭受了大規模失業的打擊，一成不變的狀態與新興國家的充沛活力形成鮮明對比。歐洲民眾對於建設歐洲已喪失往昔所擁有的信心。儘管歐洲議會具有比過往更大的權力，但選民卻遠離投

票所，而且還是大量地迴避。而參與投票的選民，卻寧可選擇妨礙歐洲建設的反對黨。歐元的未來也同樣於 2012 年遭受質疑，尤其受人矚目的是英國人民於 2016 年 6 月 23 日，透過全民公投選擇退出歐盟（EU）。此外，歐洲也未能阻止 1990 年代的巴爾幹戰爭。

隨著 1998 年聖馬洛（Saint-Malo）英法高峰會的舉辦以及 1999 年科索沃（Kosovo）戰爭結束，籌組歐洲防衛力量的希望露出曙光（北約的歐洲國家意識到與美國之間存在著勢力上的差異性），只是到頭來仍然無疾而終。在 1999 年的赫爾辛基高峰會中，決議建置一支投入 6 萬名人員的武力，每年可以被動員部署達 4,000 公里的距離。但 2015 年時，此規畫只執行 10%。2003 年伊拉克戰爭的問題讓歐洲國家四分五裂，某些國家予以支持，另一部分國家則強烈反對。北約仍然是安全議題的優先考量，特別是對於前華沙公約組織的成員國而言。然而東擴增加歐盟的會員國數目，卻妨害了歐洲的團結。

原歐盟成員國的公民認為東擴速度過快，已非過去人們所認識的歐洲。人們面對一個發展中的無名歐

洲機器，害怕失去身分認同。一致標榜反移民與反穆斯林的民粹主義（實則極右派）政黨廣獲重大支持，連在傳統上持寬容與開放態度的國家中亦復如此。由人口統計學觀之，歐洲已經失調，且其總人口數也在規律性下降。對某些人而言，問題不在於得知經濟巨人是否會停止政治化，而在於 2050 年時歐洲是否仍屬經濟強權。

歐洲的疲困在內部已清晰可見，外在看來則較不明顯。歐洲的邊界仍然極具吸引力。為了加入歐盟，聚集在獨立廣場上的烏克蘭民眾發動示威，即使後來遭寡頭執政者駁回。欲加入歐盟的候選國仍為數不少。而冒著生命危險，不斷試圖湧進歐洲的移民潮現象，說明縱使過程悲慘，歐洲大陸仍猶如「黃金國」（eldorado），深具吸引力。

相關數據尤可列舉說明：歐洲人口占全世界 6%、國內生產毛額（GDP）占全世界 22%、社會支出占全世界 50%。儘管歐洲內部的社會體系或有裂隙，對於亞洲、拉丁美洲乃至新興國家而言（遑論非洲國家），仍是一個追趕的目標。

歐洲不具備美國的軍事力量，也不存在相同的目標。歐洲並無意主宰世界。歐洲經由多方打造而成，因此完全服膺於「一個失序的世界，唯有多邊主義才是正解」的理念。

　　前共產主義國家加入歐盟，有利其政權和平移轉與經濟發展。此種歐洲模式及加入歐盟的渴望，得以平息巴爾幹半島的紛爭。

　　歐洲雖將 50% 的公共援助支應於本身的發展，卻仍屬技術創新和旅遊觀光的勝地。俄羅斯與烏克蘭間之所以能夠尋得折衷方案，係有賴法國與德國等歐洲國家，這是全球架構下的一個戰略問題。而也正是在歐洲國家支持之下，法國的介入方得以阻止聖戰主義（Jihadism）在巴馬科（Bamako）掌權，並為馬利（Mali）帶來和平。歐洲在制定打擊逃漏稅的法規方面，扮演重要的規範角色。此外歐盟執行委員會（European Commission）取得對美國企業巨擘 Google 與 Amazon 訴訟的勝利。

　　歐洲在應對氣候暖化方面同樣也扮演重要的角色。歐洲仍是世界上最富裕的地區，擁有大量最具潛力的

消費族群。歐洲的共同體建設模式以及與敵國間的和解模式依然是成功的典範。

　　難民人數的增加足證東西方一直存在著隔閡。英國脫歐以及川普上台讓歐洲面臨了新的挑戰，但也提供了組織再造的絕佳機會。然而，歐洲國家仍然缺乏一個共同的戰略願景。在面對美國或俄羅斯時，依舊維持分歧態度。要達成歐洲戰略自主仍是一條漫漫長路，且並未受到各方一致贊同。為了能夠有所進展，有必要將歐盟 27 國用不同的圈子予以劃分。

摘要 •

儘管歐盟內部令人感到失望，其外部依舊保持極高的吸引力。歐洲仍然是國際舞台上的主要強權。

11 多邊主義的危機

　　多邊主義可以定義為：透過國際談判與國際協議途徑對全球事務採取集體管理。國家在維護主權與捍衛本身利益的同時，以考量其他國家的生存為前提，據此來組織其對外關係。

　　如同在一個社會中，對所有集體生活採取折衷辦法有其必要，國際社會也應當加以管理，以便在有需要時，讓共同利益凌駕於個別利益之上。國際組織的建立與國際法的推行使得國際生活的各方面皆獲得規範。單邊主義與多邊主義相反，即單一國家考量本身利益而決議採取行動。當然，只有強權大國方能採行此類政策。一個國勢偏弱的國家，在沒有其他國家的情況下單獨採取行動，或甚至單獨採取對抗其他國家的行動時，就顯得窒礙難行，且特別危險。不過，儘管美國在 1945 年至 1949 年間的勢力龐大，仍透過創建聯合國（UN）、世界銀行（WB）、國際貨幣基金組織

（IMF）或推動馬歇爾計畫（The Marshall Plan）來廣泛實行多邊主義政策。即使強權總與單邊主義並聯在一起，卻也不見得自然契合。沒有任何一個國家採行全面多邊主義或全面單邊主義政策，而是必須依據事件、其能力、對本身迴旋餘地的認知，及其戰略等各方面來衡量。

川普上台後，打著「美國優先」（America first）的口號，以及宣稱只考量本國利益的意志，再度引發了「多邊主義危機」。這位美國總統毫不猶豫地挑戰聯合國，撕毀關於氣候保護的《巴黎協定》（*Paris Agreement*，此亦象徵多邊主義，因為聯合國的全體成員國均簽署該協定）。在其執政下，美國甚至退出聯合國教科文組織（UNESCO）。川普在違背絕大多數國家的意見之下，決議將駐以色列大使館自特拉維夫遷至耶路撒冷。他亦撕毀伊朗核問題全面協議（Iran nuclear deal），而這項協議是經過十二年談判後所得來的成果，受到國際社會的廣泛支持，因為該協議既可避免伊朗擁有核子武器，也可避免為阻止伊朗擁核而開戰。他甚至進一步揚言，認定自己有權決定以後哪個國家有

資格繼續與伊朗進行貿易。最後，他也質疑過去與其夥伴所簽署的某些大型貿易協議。

不過，儘管美國十分重要，川普的政策卻非多邊主義危機的唯一因素。首先，其他強權大國在感覺有必要時，例如將其他國家因不同意而提出意見此舉指控為無法接受的干涉行為，同樣也會毫不猶豫地遂行單邊主義。因此，像中國或俄羅斯這樣的大國，面對過往或新近的歷史情仇而想展開報復時，便會毫不猶豫地扮演起獨行俠角色。此外，獨裁政權再現（土耳其、菲律賓、匈牙利及義大利等國），對所有自認無法忍受與違背其主權的外部限制皆加以悍拒。

然而，美國早在川普上台執政前便已採行單邊主義政策。挾其在全球事務中舉足輕重的分量，及憑藉自我感覺良好的美國例外論（American Exceptionalism），經常導致其採取單邊主義政策，而施行程度的不同則取決於克林頓、小布希、歐巴馬或川普等不同領導者的意志。而川普則將單邊主義政策推向高峰。馬德琳・歐布萊特（Madeleine Albright）這段話頗耐人尋味：「可以的時候，我們是多邊主義者；必要的時候，我們是

單邊主義者。」她身為克林頓總統，這位被評價為多邊主義者任內的國務卿，將這段話進一步闡釋，多邊主義絕不是一個目標，而是眾多政策下的一個選項。這說法與此概念本身的基本原則背道而馳。法國總統馬克宏（Emmanuel Macron）試圖與川普對立，支持歐洲的多邊主義政策，只不過他並未能在這場奮戰中尋得真正的盟友。

在全球化的世界中，多邊主義是必要，而不是選項。人類所面臨的巨大挑戰（氣候惡化、對抗全國性流行病疫、集體安全、反制恐怖主義以及消除貧苦等）無法由單方面加以解決，需要共同與一致的努力來面對。

摘要 •

全球化正促使各國共同努力以面對各國所遭遇的全球性挑戰。然而施行單邊主義的企圖正在醞釀，使多邊主義陷入了危機。

地緣政治入門：從 50 個關鍵議題了解國際局勢

La Géopolitique: 50 fiches pour comprendre l'actualité

作　　　者———帕斯卡・博尼法斯（Pascal Boniface）
譯　　　者———粘耿嘉
封面設計———江孟達
內文編排———劉好音
責任編輯———劉文駿
行銷業務———王綬晨、邱紹溢
行銷企劃———曾志傑
副總編輯———張海靜
總 編 輯———王思迅
發 行 人———蘇拾平
出　　　版———如果出版
發　　　行———大雁出版基地
地　　　址———台北市松山區復興北路 333 號 11 樓之 4
電　　　話———（02）2718-2001
傳　　　真———（02）2718-1258
讀者傳真服務—（02）2718-1258
讀者服務 E-mail—— andbooks@andbooks.com.tw
劃撥帳號 19983379
戶　　　名 大雁文化事業股份有限公司
出版日期 2021 年 4 月 初版
定　　　價 380 元
ISBN 978-957-8567-97-9
有著作權・翻印必究

Original French title: *La Géopolitique*
© 2020, Éditions Eyrolles, Paris, France
Chinese complex characters edition arranged through The Grayhawk Agency

國家圖書館出版品預行編目資料

地緣政治入門：從 50 個關鍵議題了解國際局勢／ 帕斯
卡・博尼法斯（Pascal Boniface）著 ; 粘耿嘉譯 . – 初版 .
– 臺北市 : 如果出版 : 大雁出版基地發行 , 2021. 04
面 ; 公分
譯自 : La Géopolitique : 50 fiches pour comprendre l'actualité
ISBN 978-957-8567-97-9（平裝）

1. 地緣政治 2. 國際關係 3. 趨勢研究

571.15　　　　　　　　　　　　　　　110004635